Ökumene in Wahrheit und Liebe

TVZ

Basler und Berner Studien zur historischen Theologie
herausgegeben von Martin Sallmann und Martin Wallraff
Bd. 78 – 2016

Ökumene in Wahrheit und Liebe

Beiträge zu Werk und Leben des Schweizer Theologen Adolf Keller (1872–1963)

Herausgegeben von
Martin Ernst Hirzel und Martin Wallraff

TVZ

Theologischer Verlag Zürich

Gedruckt mit Unterstützung des Schweizerischen Evangelischen Kirchenbundes (SEK) und von Dr. Pierre Keller (Genf)

Bibliografische Informationen der Deutschen Nationalbibliothek
Die Deutsche Nationalbibliothek verzeichnet diese Publikation in der Deutschen Nationalbibliografie; detaillierte bibliografische Daten sind im Internet über http://dnb.dnb.de abrufbar.

Umschlaggestaltung: Simone Ackermann, Zürich
unter Verwendung einer Fotografie von Adolf Keller © Privatarchiv Nachlass Adolf Keller

Druck
ROSCH BUCH GmbH, Scheßlitz

ISBN 978-3-290-17866-6

www. tvz-verlag. ch

Inhalt

Vorwort

Am 7. Februar 1963 starb Adolf Keller 91-jährig in Los Angeles. 50 Jahre später haben der Schweizerische Evangelische Kirchenbund (SEK) und die Theologische Fakultät der Universität Basel ein Symposium ausgerichtet, um an das Leben und vielseitige Werk des 1872 geborenen Schweizer Theologen und Sozialethikers zu erinnern und um eine Figur wieder in Erinnerung zu rufen, die in der jüngeren Theologiegeschichtsschreibung noch nicht das ihr gebührende Interesse gefunden hat. Dabei sind die Voraussetzungen günstig, denn die monumentale und materialreiche Keller-Biographie von Marianne Jehle-Wildberger[1] lädt förmlich ein zu Entdeckungs- und Forschungsstreifzügen in überaus reizvolles Gelände. Keller war eine facettenreiche Persönlichkeit: ein Pionier der ökumenischen Bewegung, Initiator und während langer Zeit prägende Persönlichkeit des Schweizerischen Evangelischen Kirchenbundes, Leitungsfigur im kirchlichen Hilfs- und Flüchtlingswesen, dazu Publizist und Konfessionskundler und schließlich: ein ungemein begnadeter Netzwerker. Allein seine Korrespondenz ist geeignet, große Teile der Theologiegeschichte der Zeit zu erschließen – natürlich mit dem Zentrum Schweiz, aber in beeindruckender Internationalität auch weit über diese hinaus.

Angesichts des angedeuteten Reichtums können die hier vorgelegten Beiträge kaum mehr sein als ein *amuse-gueule*, das zu Weiterem anregt. Und in der Tat sind sie so gemeint. Wenn bald mehr und Größeres nachfolgt, haben Autoren und Herausgeber ihr Ziel erreicht. Das Symposium hatte im Wesentlichen die Absicht, einen Beitrag zu leisten zur Erforschung der Geschichte des 1920 gegründeten Schweizerischen Evangelischen Kirchenbundes und damit der Geschichte der ökumenischen Bewegung in der Schweiz und der kirchlichen, vorwiegend humanitär ausgerichteten internationalen Beziehungen.

Daneben erinnert die Basler Fakultät auf diese Weise an einen ihrer Alumni; sie wird sich dabei eines Mosaiksteins in ihrer eigenen Geschichte bewusst. Sie weiß es rückblickend zu schätzen, dass sich der junge Schaffhauser vor beinahe genau 120 Jahren hier (und nicht im geographisch näheren Zürich) einschrieb.[2] An der Fakultät hörte er namhafte Gelehrte, darunter etwa die Alttestamentler Bernhard Duhm (1847–1928) und Conrad von Orelli (1846–1912). Es ist nicht überflüssig, an einen Sachverhalt zu erin-

1 Marianne Jehle-Wildberger: Adolf Keller (1872–1963). Pionier der ökumenischen Bewegung, Zürich 2008 (leicht gekürzte engl. Übersetzung: Eugene, Oregon 2013).

2 Vgl. hierzu und zum Folgenden Jehle-Wildberger, Adolf Keller (wie Anm. 1), 30–34, sowie zur «vermittelnden» Position und zum Verhältnis zu Paul Wernle 41–43.

nern, der heute oftmals nicht mehr recht bewusst (weil nicht mehr recht vorstellbar) ist: Die wichtigsten theologischen Lehrstühle waren damals doppelt besetzt, nicht wegen der Masse der Studenten – es waren damals etwa ebenso viele wie heute –, sondern wegen der Flügelkämpfe zwischen Positiven und Liberalen. Duhm gehörte der letzteren, von Orelli der ersteren Gruppe an. Keller war von diesen Gegensätzen durchaus beeindruckt, nicht immer nur positiv, doch er wusste das Beste daraus zu machen. Er trug wesentlich zu ihrem Ausgleich und zur Verständigung bei, und es wäre eine vielleicht nur minimal zu kühne These zu sagen, dass Kellers erster Beitrag zur Ökumene ein innerprotestantischer war. Jedenfalls entschied er sich, übrigens gemeinsam mit dem gleichaltrigen Paul Wernle (der später als Professor für Kirchengeschichte der Fakultät verbunden bleiben sollte),[3] diese Gegensätze nicht weiter zu befördern.

Nun ist es nicht Aufgabe eines Vorwortes, diese oder andere Geschichten über Adolf Keller auszubreiten. Bevor die Autorinnen und Autoren das Wort haben, ist es den Herausgebern angenehme Pflicht, vielfach Dank zu sagen. Die Anregung, diese Tagung durchzuführen, gaben Frau Marianne Jehle-Wildberger und Pfarrer Dr. Frank Jehle (St. Gallen). Dafür und für ihre tatkräftige Unterstützung bei der Planung danken wir ihnen. Dass die Anregung auf äußerst fruchtbaren Boden gefallen ist, zeigt die schon genannte gemeinsame Trägerschaft der Veranstaltung des Schweizerischen Evangelischen Kirchenbundes und der Theologischen Fakultät der Universität Basel. In deren Räumen konnte das Symposium am 20. September 2013 durchgeführt werden. Der zweite Herausgeber vertritt dort das Fach Kirchengeschichte und stand der Fakultät zum Zeitpunkt des Symposiums als Dekan vor.

Die Bedeutung, die sowohl der Schweizerische Evangelische Kirchenbund als auch der Ökumenische Rat der Kirchen (ÖRK) der Initiative gaben, zeigt sich in der Teilnahme und in den Grußworten des Ratspräsidenten Dr. Gottfried Locher und des Generalsekretärs Dr. Olav Fykse Tveit, die beide hier zum Abdruck kommen. (Tveit, der auch mit einem eigenen Vortrag mitwirken wollte, musste seine Teilnahme aus terminlichen Gründen allerdings kurzfristig absagen.)

Ein besonderer Dank gilt sodann Herrn Dr. Pierre Keller (Genf), dem Sohn Adolf Kellers, der das Vorhaben von Anfang an mit seinem Rat gefördert und dieses sowie die vorliegende Publikation durch einen namhaften

3 Wernle verdankt die bislang ausführlichste Würdigung seinem Amt als Lektor des Frey-Grynaeischen Instituts: Thomas K. Kuhn: Theologisch-historische Leidenschaften. Paul Wernle (1872–1939). Eine biographische Skizze, in: Andreas Urs Sommer (Hg.): Im Spannungsfeld von Gott und Welt. Beiträge zu Geschichte und Gegenwart des Frey-Grynaeischen Instituts in Basel 1747–1997, Basel 1997, 135–158.

finanziellen Beitrag ermöglicht hat. Zusammen mit Familienangehörigen war er auch in Basel anwesend und hat die Veranstaltung als Zeitzeuge bereichert. Dem Theologischen Verlag Zürich, namentlich Frau Lisa Briner, danken wir für die Betreuung des Bandes und die gewohnt gute Zusammenarbeit bei der Drucklegung. Ohne das Engagement und die akribische Disziplin von Frau Annina Völlmy Kudrjavtsev (Lehrstuhl Wallraff) bei der redaktionellen Bearbeitung der Beiträge wäre der Band nicht zustande gekommen. Auch hierfür danken die Herausgeber.

Der letzte und größte Dank geht an die Autorinnen und Autoren, die mit ihren Referaten den Studientag und mit der bearbeiteten Version diese Publikation möglich gemacht haben. Bevor diese nun selbst in ihren Beiträgen die verschiedenen Facetten von Adolf Kellers Werk und Persönlichkeit beleuchten, sei abschließend noch ein großer Basler Ökumeniker zitiert. Lukas Vischer (1926–2008) schrieb in seinem Geleitwort zu der genannten Keller-Biographie und mit Bezug auf Keller: «Ihm war klar, dass die ökumenische Aufgabe nicht allein in der Überwindung der konfessionellen Gegensätze bestand, sondern dass der Gegensatz von Denkarten und kulturellen Eigenheiten zum mindesten in gleichem Masse ins Gewicht fiel.»[4] Man wird nicht behaupten können, dass dieser Satz 50 Jahre nach dem Tod Kellers irgendetwas von seiner Aktualität verloren hat. Wenn das Studium eines der Stammväter der ökumenischen Bewegung in diesem Sinne einen kleinen Beitrag zur «Ökumene in Wahrheit und Liebe»[5] leisten könnte, wäre es schon sehr viel.

Bern und Basel im Oktober 2015

Martin Ernst Hirzel
Schweizerischer Evangelischer
Kirchenbund

Martin Wallraff
Theologische Fakultät
der Universität Basel

---

4 Vischer, zitiert nach Jehle-Wildberger, Adolf Keller (wie Anm. 1), 5f.

5 Der Buchtitel nimmt Bezug auf eine Formulierung von Adolf Keller (Wege zum religiösen Frieden, 1940), zitiert bei Jehle-Wildberger, Adolf Keller (wie Anm. 1), 456.

Grußwort des Generalsekretärs des Ökumenischen Rats der Kirchen Dr. Olav Fykse Tveit

Sehr geehrter Herr Prof. Dr. Martin Wallraff
Sehr geehrter Pfr. Dr. Gottfried Locher
Liebe Familie Keller
Sehr geehrte Damen und Herren

Ihnen allen möchte ich Dank dafür sagen, dass dieses Symposium zur Erinnerung an Adolf Keller stattfindet. Adolf Keller, dessen Lebenswerk leider viel zu wenig bekannt ist, war einer der großen Pioniere der ökumenischen Bewegung. Ich freue mich, dass jetzt auch die hervorragende Biographie der Historikerin Marianne Jehle-Wildberger in englischer Sprache vorliegt. So haben viele Menschen in aller Welt, die sich für die Geschichte der ökumenischen Bewegung interessieren, die Chance mehr über ihn und seine wegweisenden Impulse zu erfahren.

Ich muss gestehen, es erstaunt mich, dass es keinen Artikel zu Adolf Keller im *Dictionary of the Ecumenical Movement* gibt und auch der Artikel zur zwischenkirchlichen Hilfe seinen Namen nicht erwähnt. In der dreibändigen Geschichte der ökumenischen Bewegung gibt es nur einen kurzen Hinweis im Beitrag Geoffrey Murrays zu Adolf Kellers Rolle in den Anfängen der ökumenischen Diakonie (Bd. 2, 204). Es fällt auf, dass auch der erste Generalsekretär, Willem A. Visser 't Hooft, nur sehr, sehr wenig zu Adolf Keller in seinen Memoiren und seinem Buch zur Entstehung des Ökumenischen Rates der Kirchen (ÖRK) zu sagen weiß.

Es ist an der Zeit, dass wir im ÖRK endlich Adolf Kellers außergewöhnliche Leistungen anerkennen und er den Platz in der Geschichte der ökumenischen Bewegung findet, der ihm tatsächlich gebührt.

Als klar wurde, dass ich selbst zur Vorbereitung der zehnten Vollversammlung des ÖRK nach Nordkorea reisen muss und deshalb nicht, wie es mein Wunsch war, an diesem Symposium teilnehmen kann, habe ich deshalb eine jüngere Kollegin aus dem Stab des ÖRK gebeten, zu dem mir gestellten Thema «Ökumene – damals und heute» zu sprechen: Frau Natasha Klukach. Sie steht für die neue Generation, die sich heute auf ihre Weise mit der Geschichte auseinandersetzt und früher dominante Sichtweisen korrigieren kann. Ihr Vorschlag, die im Thema des Symposiums gestellte Frage nach Auftrag und Ort der Kirche aufzugreifen, indem die von Adolf Keller gegebenen Impulse in Beziehung gesetzt werden zur Arbeit an der Einheitserklärung der nächsten Vollversammlung, hat mich unmittelbar überzeugt.

Natasha Klukach hat im Stab die Verantwortung für die Erarbeitung der Einheitserklärung mit einer Gruppe von Ökumenikerinnen und Ökumenikern aus aller Welt übernommen. Vor dem Hintergrund des Textes der Erklärung wird sichtbar, in welcher Weise das Erbe Adolf Kellers auch weiterhin für die ökumenische Bewegung wichtig ist, wo aber auch neue Entwicklungen und Horizonte Antworten erfordern, die über das in seiner Zeit Mögliche und Erforderliche hinausgehen.

Ich wünsche Ihnen allen ein erfolgreiches und bereicherndes Symposium. Als Generalsekretär des ÖRK bin ich sehr interessiert an den Ergebnissen dieses Tages, der zu einem besseren Verständnis Adolf Kellers und seiner Nachwirkungen beitragen wird.

Grußwort des Ratspräsidenten des Schweizerischen Evangelischen Kirchenbundes Dr. Gottfried Locher

Sehr geehrter Herr Dekan
Sehr geehrte Damen und Herren

Auch ich begrüße Sie herzlich zu diesem Symposium. Dass die theologische Fakultät Basel und der Kirchenbund dieses Symposium aus Anlass des 50. Todestages Adolf Kellers gemeinsam veranstalten, ist in zweierlei Hinsicht bedeutsam. Einmal scheint es mir wichtig, dass Theologie und Kirche – bei aller Unterschiedlichkeit ihrer Aufgaben – im Gespräch sind. Theologie und Kirche sind aufeinander angewiesen. Ohne das Ziel, Pfarrerinnen und Pfarrer auszubilden und zur Reflexion des christlichen Glaubens heute anzuleiten, verliert die Anwesenheit der Theologie an der Universität wesentlich an Legitimität; umgekehrt ist kirchliche Existenz ganz grundlegend auf Theologie angewiesen. Zweitens war die Bemühung um die Verbindung von Theologie und Kirche ein Anliegen Adolf Kellers, an dessen Werk und Leben wir heute erinnern.

Meines Wissens ist dieses Symposium die erste wissenschaftliche Tagung, die dem Leben des bedeutenden Ökumenepioniers und Sozialethikers Adolf Keller gewidmet ist. Eine Grundlage dafür stellt die vor vier Jahren erschienene, umfassende Biographie Marianne Jehle-Wildbergers dar, welche die vielen Fragestellungen und Perspektiven, unter denen das Werk Kellers betrachtet werden kann, erstmals aufzeigt: Kirchliche Zeitgeschichte, die Geschichte der Ökumene und der Diakonie, der Pastoral- und Religionspsychologie, die Geschichte der internationalen Beziehungen; für alle diese Gebiete finden sich Anknüpfungspunkte in Kellers Werk. Das heutige Symposium wird hier an einigen Punkten vertiefte Einsichten ermöglichen.

Zunächst erfüllt uns Heutige ein solch immenses Lebenswerk wie dasjenige Adolf Kellers schlicht mit Staunen und Bewunderung. Bis in die Mitte seines Lebens entfaltete Keller als ein in der ganzen Schweiz bekannter Gemeindepfarrer und Theologe eine vielfältige Tätigkeit. Durch Wort und Schrift, auf der Kanzel und im Feuilleton, im Gespräch und in der Korrespondenz, bezog er aus einer unabhängigen Haltung heraus klare Positionen zu theologischen, kirchlichen, gesellschaftlichen und politischen Fragen. Ihn beschäftigten u. a. die soziale Frage, die gesellschaftliche Verantwortung der Elite, der Zusammenhang von West- und Deutschschweiz, das Gespräch von Tiefenpsychologie und Religion, das Aufkommen der dialektischen Theologie und die Verantwortung der Kirchen für Versöhnung unter den Völkern und Weltfrieden sowie der politische Internationalismus nach dem Ersten Weltkrieg. Dieser bedeutete, wie für viele seiner theologischen Freunde und Gesprächspartner (Barth, Brunner) eine Zäsur in seinem Leben. Der Kreis seiner Wirksamkeit weitete sich schlagartig aus; Keller wurde zum wichtigen Brückenbauer zwischen den Kirchen in den Vereinigten Staaten und in Europa, zum Organisator der zwischenkirchlichen Hilfe für die Menschen im Nachkriegseuropa, zum Initiator und langjährigen *spiritus rector* des Schweizerischen Evangelischen Kirchenbundes; zum Brückenbauer zwischen den Konfessionen und theologischen Richtungen und zum ökumenischen Wegbereiter. Als Pfarrer und psychologisch gebildeter Seelsorger, als theologischer Publizist und Schriftsteller, als Organisator, Kommunikator, Initiator und Diplomat konnte Keller seine hohen Gaben vielfältig einsetzen.

Angesichts des vielseitigen, ausgreifenden, ja «ex-zentrischen» Charakters von Kellers Lebenswerk stellt sich die Frage nach dessen Mitte, dem Konzentrischen seiner Theologie. Auf der einen Seite prägte ihn die Einsicht, dass christliche Verkündigung auf mehr zielt denn auf Trost und individuelles Seelenheil, nämlich auf Heilung und Versöhnung in den menschlichen Gemeinschaften und in einzelnen Lebenssituationen. Der prophetische und soziale Auftrag der Kirche war für Adolf Keller zentral. Er erinnerte die Kirchen und Verantwortlichen in der Gesellschaft an ihre Solidaritätspflicht. Für den Mitkämpfer in der ökumenischen Bewegung *Life and Work* schloss das Kommen des Reiches Gottes die Mitarbeit des Menschen ein. Der konkrete Aufbau und die Sichtbarmachung von Gemeinschaft, die in Jesus Christus schon gegeben ist, bedeutete für Keller Arbeit an der Einheit der Kirche und ihrem Auftrag an die Welt.

Dies führt zu Überlegungen, welche die ökumenische Theologie auch heute noch beschäftigen. Ich freue mich, dass das Programm des heutigen Symposiums neben dem Gedenken auch Raum für solche Reflexionen bietet.

Dass dieses Symposium in Basel stattfindet, und nicht in Zürich oder Genf, wo Lebensmittelpunkte Kellers lagen, ist vielleicht erklärungsbedürftig. Basel war die Stadt seiner Studienjahre. Keller hat Basel mit seiner «feinen Geisteskultur» einmal als «einzige Polis, die wir in der Schweiz besitzen»[1], bezeichnet. Die Stadt an der Grenze, mit ihrer langen humanistischen und karitativen Tradition, blieb ihm geistiger Bezugspunkt, insbesondere durch seine Freundschaft mit Karl Barth und Paul Wernle.

1 Adolf Keller: Der Weg der dialektischen Theologie durch die kirchliche Welt, München 1931, 43.

Dies führt mich zum Dank an den Dekan der Theologischen Fakultät Basel, Prof. Dr. Martin Wallraff, dafür, dass dieses Symposium hier stattfinden kann.

Ihnen allen wünsche ich einen ertragreichen Tag.

Emidio Campi

Adolf Kellers Initiative und Beitrag zur Gründung und Entwicklung des SEK auf dem Hintergrund seiner ökumenischen Erfahrungen

Das 50-jährige Jubiläum des Todestages von Adolf Keller weckt bei mir lebhafteste Erinnerungen an einen prägenden Abschnitt meines Lebens. Von 1974 bis 1983 war ich Sekretär der *World Student Christian Federation* (WSCF), des Wegbereiters der ökumenischen Bewegung im heutigen Sinne.[1] Während meiner Amtszeit hatte ich die Gelegenheit, bei der *World Conference on Mission and Evangelism* von 1980 in Melbourne mitzuwirken, wo ich den Namen Adolf Keller zum ersten Mal hörte. Auf seine Bedeutung für die Ökumene wurde ich aufmerksam, weil in einer kleinen Plauderrunde der mir unbekannte Name in einem Atemzug mit denjenigen meiner illustren Amtsvorgänger John R. Mott, Ruth Rouse, «Joe» Oldham, Friedrich Siegmund-Schultze und Henry-Louis Henriod erwähnt wurde. Ich ging auf Spurensuche und entdeckte sichtbare, aber bis dahin unbekannte Fäden zwischen Keller und der WSCF. Je länger ich mich mit seiner Person zunächst privat und später in akademischer Lehrtätigkeit beschäftigte (er hatte immer einen festen Platz in meiner Turnusvorlesung *Die Kirchen in der Epoche der beiden Weltkriege*), desto klarer wurde mir, dass dort eine längst überfällige Forschungslücke bestand, die es zu schließen galt. Dazu bin ich leider nicht gekommen. Diese Herausforderung ist nun von Marianne Jehle-Wildberger mit Bravour gemeistert worden.[2] Ihr verdanken wir alle, dass dieser Baumeister der modernen ökumenischen Bewegung endlich wieder aus dem Schatten der Geschichte treten und öffentliche Würdigung erfahren kann. Persönlich muss ich offen gestehen: Wohl das aufregendste Buch, das mir in

1 Philip Potter/Thomas Wieser: Seeking and Serving the Truth. The First Hundred Years of the World Student Christian Federation, Genf 1997.

2 Marianne Jehle-Wildberger: Adolf Keller. Pionier der ökumenischen Bewegung, Zürich 2008.

dem für einen Reformationshistoriker nicht gerade aufregungsarmen Jahr 2009 unter die Hände kam, war ihre Biographie von Adolf Keller, ein dickes, schweres *hardcover*-Buch, das ich von einem Calvin-Kongress zum anderen mitschleppte. So beinhaltet die Auseinandersetzung mit unserem Tagungsthema zugleich viel Biographisches. Auch deshalb habe ich mich über die freundliche Einladung gefreut und bedanke mich herzlich bei den Veranstaltern.

In 40 Minuten Kellers ökumenische Tätigkeit und seinen Beitrag zur Gründung und Entwicklung des SEK darstellen und zueinander in Beziehung bringen zu wollen, wäre unerlaubt lückenhaft. So bleibt, so viel ich sehe, nur eines: Ich greife im Rahmen der Gesamtthematik des Symposiums *Der Auftrag der Kirche* und mit Bezug auf sein Lebenswerk in der Ökumene und im Kirchenbund einige Zentralthemen heraus, und zwar solche, an denen die bewusste oder unbewusste gegenseitige Beeinflussung dieser zwei Tätigkeitsfelder typisch hervortritt. Es sind diese: 1) die Vertiefung kirchlicher Zusammenarbeit im europäisch-nordamerikanischen Kontext; 2) der Zusammenschluss des schweizerischen Protestantismus im Schweizerischen Evangelischen Kirchenbund (1920–1941); 3) der Aufbau der kirchlichen Hilfe in den kriegsversehrten Ländern Europas. Die Errichtung des Sozialwissenschaftlichen Instituts, obwohl geschichtlich relevant, lasse ich bewusst aus, weil sie Gegenstand einer besonderen Erörterung ist. Es empfiehlt sich jedoch, mit einem kurzen Rückblick auf den Protestantismus in den ersten zwei Jahrzehnten des 20. Jahrhunderts zu beginnen, der dazu dienen soll, Kellers Tätigkeit besser einschätzen zu können.

1 Historischer Rückblick

Als das 20. Jahrhundert anbrach, versprach es ein triumphales Jahrhundert für den Protestantismus zu werden. Die moderne Kultur identifizierte sich mit der Zivilisation der großen protestantischen Nationen: Die mächtige Britannia herrschte über ein Drittel des Globus; Deutschland imponierte der Welt mit seinen wissenschaftlichen und technischen Errungenschaften; das skandinavische Wohlfahrtsstaatsmodell wurde als Vorbild betrachtet; Amerika, das Land der unbegrenzten Möglichkeiten, zog Millionen von Frauen und Männern aus allen Erdteilen an. Die Weltmissionskonferenz in Edinburgh 1910 wurde zur Chiffre all jener Hoffnungen, die europäische und nordamerikanische Protestanten am Beginn des neuen Jahrzehnts auf ein weltweit agierendes und vernetztes Christentum setzten. Vertreter der protestantischen Missionsgesellschaften wiesen triumphierend auf die Erfolge in den Missionsfeldern hin, und der Vorsitzende der Konferenz, John R. Mott, motivierte die Delegierten immer wieder neu mit seinem berühmt gewordenen Diktum «the best days are ahead of us»; seine Redewendung «Evangelisation of the world in our generation» wurde zum epocheprägenden Motto.[3]

Die akademische Theologie – so wichtig für den Protestantismus – war tief gespalten zwischen der positiven Richtung mit ihren Frömmigkeitsformen der altprotestantischen Orthodoxie und der Erweckung auf der einen und der liberalen Richtung auf der anderen Seite. Die Positiven betonten die Dogmen und die Glaubensbekenntnisse und fühlten sich der Kirche verpflichtet. Die Liberalen waren für die Überwindung traditioneller Bindungen in der Glaubenslehre und setzten auf Dialog mit Wissenschaft und Kultur. Insgesamt war die politische Ethik des Protestantismus – jenseits der theologischen Gegensätze – zunächst doch und vor allem systemkonform, neigte eher dazu, den *status quo* zu legitimieren. Unterschiedlich war hingegen die Wahrnehmung des konfessionellen Gegensatzes. Während die Positiven die zeitgenössischen antikatholischen Affekte teilten, zeigten die Liberalen einen gewissen Optimismus bezüglich der Möglichkeit einer Versöhnung zwischen einem durch den Modernismus veränderten Katholizismus und einem Protestantismus, dessen theologische Stacheln mittlerweile gezogen waren.[4]

Anstatt jedoch in Richtung Versöhnung schritt die Christenheit durch das Gemetzel des Ersten Weltkrieges, der durchaus Züge eines Bürgerkriegs zwischen Protestanten trug, zwischen Deutschen auf der einen Seite und Engländern, mit Verstärkung durch die Amerikaner nach 1917, auf der andern. Entgegen allen vorgeschobenen Beteuerungen von christlichem Universalismus zeigten sich englische und französische wie deutsche Protestanten nationalistisch, bisweilen auch chauvinistisch eingestellt.[5] Die Kirchen traten überall mit vollem Einsatz für die Legitimation der Ziele der eigenen Regierung ein; der Gott des Friedens, dem sie dienen sollten, schien in eine Vielfalt von nationalen Götzen zerfallen zu sein, die jede Seite um den Sieg der eigenen Waffen anrief.[6] Es war denn auch nicht verwunderlich, dass die

---

3 Holger Afflerbach/David Stevenson (Hg.): An Improbable War. The Outbreak of World War I and European Political Culture before 1914, New York 2007, bes. Kap. 14 und 15; Wolfgang Günther: Begeisterung, Charisma und Kairos!, in: Interkulturelle Theologie 36 (2010), 32–43; Klaus Koschorke: Die Weltmissionskonferenz Edinburgh 1910 und die Globalisierung des Christentums, in: Pastoraltheologie 100 (2011), 215–226; siehe auch Charles Howard Hopkins: John R. Mott (1865–1955). A Biography, Grand Rapids 1979, Kap. 7, 342–429.

4 Thomas Nipperdey: Deutsche Geschichte 1866–1918, Bd. 1: Arbeitswelt und Bürgergeist, 2. Aufl., München 1991, 428–530.

5 Eric J. Hobsbawm: Das imperiale Zeitalter. 1875–1914, Frankfurt a. M. 1995, 181–207.

6 Es sei lediglich daran erinnert, dass der große Harnack den Kriegsaufruf des Kaisers entwarf, den Einfall der deutschen Truppen in Belgien mit der Verletzung des Sabbat-

Soldaten – seien es Engländer oder Deutsche –, die verstört und blutbefleckt aus den Schützengräben von Verdun und Ypern heimkehrten, nichts mehr von den Kirchen hören wollten. Die Säkularisierung, die die Protestanten bis dahin vor allem als einen nützlichen, mit der Modernisierung von Religion und Gesellschaft verbundenen Prozess betrachteten, verwandelte sich in eine zerstörerische Lawine.

Die Verantwortung der protestantischen Länder vor und während des Ersten Weltkriegs war groß, und ebenso ernsthaft war die Unfähigkeit der Kirchen, mit der Nachkriegsnot zurechtzukommen. Doch prophetische Stimmen erhoben sich. Anstöße zur Überwindung der konfessionellen Aufsplitterung der Christenheit kamen von evangelischen Jugend- und Studentenverbänden (YMCA, YWCA, WSCF) sowie von der pragmatischen Kooperation der verschiedensten Missionsgesellschaften, die dazu beitrugen, dass eine neue Mentalität der weltweiten Zusammengehörigkeit der Christenheit entstand.[7] Seit 1908 bestanden auch unverbindliche Kontakte zwischen Kirchenrepräsentanten aus dem europäisch-nordamerikanischen Raum, die sich in der Hoffnung zusammenfanden, dass aus diesem Nukleus die Kircheneinheit erwachsen würde. Der Plan, einen Weltbund für (internationale) Freundschaftsarbeit der Kirchen zu gründen (*World Alliance for Promoting International Friendship through the Churches*), dessen Motto *inter arma caritas* war, kam 1914 zustande. Der Krieg setzte diesen noblen Bestrebungen schnell Grenzen, obwohl der Weltbund nicht müßig blieb, sondern durch Denkschriften und Interventionen für die Kriegsgefangenen seine Ziele hartnäckig

gebotes durch Jesus verglich und dies als Notsituation entschuldigte. Viele Theologieprofessoren, von dem stark nationalistisch ausgerichteten Reinhold Seeberg bis zum liberalen Ernst Troeltsch, verteidigten mit der *Erklärung der Hochschullehrer des deutschen Reiches* die Einheit von deutscher Wissenschaft und preussischem Militarismus. Der Bischof von London, Arthur Winnington-Ingram, forderte seine Landsleute auf, alle Deutschen niederzumachen, damit das Christentum und die Kultur überleben könnten. Als 1917 die USA, zu deren Tradition die Trennung von Staat und Kirche gehörte, in den Krieg eintraten, verkündigte man dort, mit der Ausnahme der Quäker und Mennoniten, genau so entschlossen einen Kreuzzug im Namen Jesu Christi gegen Deutschland. Nach dem Krieg fasste Papst Benedikt XV., der aufgrund seines engagierten Auftretens gegen den Ersten Weltkrieg als Friedenspapst bekannt wurde, sein Urteil über die Niederlage Deutschlands in den viel sagenden Satz «Diesen Krieg hat Luther verloren!» Vgl. dazu Gerd Krumeich/Hartmut Lehmann (Hg.): «Gott mit uns». Nation, Religion und Gewalt im 19. und frühen 20. Jahrhundert, Göttingen 2000.

7 Ruth Rouse/Stephen Charles Neill: A History of the Ecumenical Movement 1517–1948, London 1954, 324–349; Ruth Rouse: The World's Student Christian Federation. A History of the First Thirty Years, London 1948, 199–272; Emidio Campi: The Role of Students in the Missionary Movement, in: Your Kingdom Come. Mission Perspectives. Report on the World Conference on Mission and Evangelism, Genf 1980, 26–36; Elizabeth Adler: World Student Christian Federation. Memoirs and Diaries, Genf 1994, 35–46.

verfolgte.[8] Wenig bis gar keinen Einfluss hatten zunächst die Friedensbemühungen des schwedischen Erzbischofs Nathan Söderblom.[9] Im Jahr 1917, als die USA in den Krieg eintraten, feierte die evangelische Christenheit das 400-jährige Jubiläum der lutherischen Reformation. Aus diesem Anlass, an Pfingsten 1917, bot Söderblom seine Vermittlungsdienste für die Wiederherstellung der gestörten internationalen kirchlichen Beziehungen an. Aber im Jahr 1917 beherrschten ganz andere, militante Töne das Gedenken an den Reformator.[10] Der Evangelische Oberkirchenrat in Berlin, die *Féderation Protestante de France* und der Erzbischof von Canterbury sowie der *Federal Council of Churches* in den Vereinigten Staaten lehnten das Angebot einer Kirchenkonferenz ab. Schließlich versammelten sich im Dezember 1917 in Uppsala nur wenige Vertreter der neutralen Länder.

Dem Vorbild der Reformation schloss sich auch Karl Barth an, damals Pfarrer der Bauern- und Arbeitergemeinde Safenwil. Bei aller Anerkennung der reformatorischen Theologie als Leuchtzeichen war er doch kein Mann der Luther-Renaissance, wie etwa der Berliner Kirchenhistoriker Karl Holl. Die erste Auflage seines berühmten Römerbriefkommentars, die 1919 nahezu gleichzeitig mit der Unterzeichnung des Friedensvertrags von Versailles und der Entstehung der Dolchstoßlegende erschien, beschritt einen eigenen, singulären Weg. Es ging nicht mehr um Religion, sondern um den ursprünglichen Gehalt der christlichen Botschaft, die aller sakralen Kreaturvergötterung ein Ende setzte, es ging um die Souveränität, die Andersartigkeit Gottes, die es auszuhalten galt. Diese Hinwendung zur «Sache der Theologie», die sämtliche Konzepte des Kulturprotestantismus zerschmetterte, bedeutete keine Flucht oder Resignation vor den aktuellen Aufgaben der Zeit. Bald entfaltete dieser Neuansatz in Auseinandersetzung mit den völkisch-orientierten Konzeptionen der Deutschen Christen ihre kirchliche Breitenwirkung und fand beträchtliche Resonanz insbesondere in der Barmer Theologischen Erklärung von 1934.[11]

Nach dem Ersten Weltkrieg waren die Angelsachsen die Schrittmacher der Weltkirchenpolitik. Deutsche Theologie wurde nach wie vor bewundert, aber sie war in den großen Entscheidungen nicht mehr ausschlaggebend. Der

---

8 Ernst-Otto Meinhardt: Adolf Deissmann. Ein Wegbereiter der Weltchristenheit, Theol. Diss., Hamburg 2009 (http://ediss.sub.uni-hamburg.de/volltexte/2009/4287/; Stand: August 2015), hier 166–180.

9 Dietz Lange: Nathan Söderblom und seine Zeit, Göttingen 2011, 310–413.

10 Karl Kupisch: Die deutschen Landeskirchen im 19. und 20. Jahrhundert, 2. durchgesehene Aufl., Göttingen 1975, 97.

11 Eberhard Busch: Karl Barths Lebenslauf. Nach seinen Briefen und autobiographischen Texten, 4. durchgesehene Aufl., Zürich 2005, 72–138; Eberhard Busch: Die große Leidenschaft. Einführung in die Theologie Karl Barths, 25–41.

praktische Sinn der Angelsachsen setzte sich überall durch. Das erste Ergebnis war die Gründung des Internationalen Missionsrats 1921, eines Zusammenschlusses von protestantischen und anglikanischen Missionsgesellschaften. Es folgte die 1925 nach Stockholm einberufene Weltkirchenkonferenz für praktisches Christentum (*Life and Work*), die von der charismatischen Persönlichkeit des gelehrten lutherischen Erzbischofs Söderblom maßgeblich geprägt wurde. Den Fragen des kirchlichen Selbstverständnisses und des Glaubens diente die 1927 in Lausanne stattfindende Weltkonferenz für Glaube und Kirchenverfassung (*Faith and Order*). In einer Anzahl Sitzungen, Fortsetzungsausschüssen und Studienkommissionen kam man sich im gegenseitigen Verstehen allmählich näher. Das zeigte sich schon 1937 bei der nächsten Weltkonferenz für Praktisches Christentum in Oxford.[12]

Sehr treffend hat Karl Fueter seinen Freund Adolf Keller inmitten solch unruhig bewegter und gärender Welt mit einem hochempfindlichen Seismographen verglichen.[13] Eine Besinnung über die erwähnten Tätigkeitsfelder Kellers wird eine solche Feststellung erhärten.

2 Die Vertiefung kirchlicher Zusammenarbeit im europäisch-nordamerikanischen Kontext

Die Kriegsjahre 1914–1918 verbrachte Keller als Pfarrer an St. Peter in Zürich, wo er einen Weg suchte, als Christ und Theologe Antworten auf die Frage seiner Zeit zu finden. Er gewann allmählich die Überzeugung, dass er außer seinen Pflichten als Seelsorger gerade in Zeiten der Krise für Kirche und Gesellschaft Verantwortung zu tragen habe. In der Schweiz war er weitgehend in Einklang mit Leonhard Ragaz und Hermann Kutter, aber auch mit Karl Barth und Emil Brunner. Anders als sie aber, die sich zunächst von der ökumenischen Bewegung fern hielten und erst spät den Zugang zu ihr fanden,[14] trat Keller relativ früh in Verbindung mit europäischen und nordamerikanischen Persönlichkeiten, die für die Verständigung der Völker und für die Zusammenarbeit der Christen gearbeitet hatten und Mitbegründer des Weltbundes für Freundschaftsarbeit der Kirchen waren. Zu diesem

---

12 Rouse/Neill, History Ecumenical Movement (wie Anm. 7), 509–596.

13 Karl Fueter u. a. (Hg.): Adolf Keller. Ein Pfadfinder zwischenkirchlicher Hilfs- und Aufbauarbeit, Berlin [1956], 4.

14 Beispielsweise noch 1934 schrieb Karl Barth in einem Brief an Eduard Thurneysen: «Vor der Genfer Sache schreckt mich irgend ein Gerüchlein von international-völkerbündlicher Vielgeschäftigkeit (das Adolf Kellerische!) zurück», in: Caren Algner (Hg.): Karl Barth – Eduard Thurneysen. Briefwechsel, Bd. 3: 1930–1935 (GA V.34), Zürich 2000, 808.

Personenkreis gehörten Gustav Adolf Deißmann (1866–1937), Charles Stedman Macfarland (1866–1956), Friedrich Siegmund-Schultze (1885–1969) und Nathan Söderblom (1866–1931). Der Erzbischof von Uppsala und zugleich Professor der dortigen Universität prägte wie kaum ein anderer die ökumenische Bewegung der ersten Hälfte des 20. Jahrhunderts in ihren Zweigen: den Weltbund für Internationale Freundschaftsarbeit, die Bewegungen *Life and Work* wie *Faith and Order*. Zum ersten Mal traf Keller Söderblom 1920 in Genf anlässlich eines Treffens zur Organisation einer neuen internationalen kirchlichen Bewegung – das künftige *Life and Work Movement*. Hieraus entstand eine enge und erfolgreiche Zusammenarbeit, die sich bis zum Tode des Erzbischofs im Jahre 1931 erstreckte, da Keller nach der Stockholmer Weltkonferenz von *Life and Work* im von Söderblom präsidierten Fortsetzungsausschuss saß.[15]

Adolf Deißmann war der international angesehene Berliner Neutestamentler, dessen Werke Höhepunkte der neutestamentlichen Wissenschaft markierten.[16] Vom Ausbruch des Krieges an wandte er sich zunehmend der Pflege der internationalen ökumenischen Beziehungen zu. Seit 1914 begann Deißmann mit dem Schreiben der *Evangelischen Wochenbriefe*, die zunächst nur in hektographierter Form im Umlauf waren, besonders im neutralen Ausland. Sie wurden bald zu einem Kristallisationspunkt der europäischen Friedensbestrebungen und wirkten darauf hin, dass der Dialog mit den nordamerikanischen Denominationen für die Verständigung der Völker und für die Zusammenarbeit der Christen erweitert wurde. Bezeichnend für die *entente cordiale* zwischen Deißmann und Keller ist die Tatsache, dass Kellers erste ökumenische Tätigkeit, die Reise nach Schottland 1918 als Gast des *Foreign Office*, in den *Evangelischen Wochenbriefen* ausführlich dargestellt wurde.[17] Über seinen mittlerweile zum guten Freund gewordenen Keller schrieb Deißmann 1936: «[G]ewiss [ist er] der an solider Kenntnis der ökumenischen Lage wie an persönlichen Beziehungen zu den führenden Persönlichkeiten der Christenheit reichste Theologe der Gegenwart.»[18]

Der engagierte lutherische Theologe Friedrich Sigmund-Schultze wirkte ab 1908 zunächst als Sekretär des Kirchlichen Komitees zur Pflege freundschaftlicher Beziehungen zwischen Großbritannien und Deutschland, etwas später als Sekretär des Christlichen Studentenweltbundes für Sozialarbeit

---

15 Adolf Keller: Die Fortsetzungsarbeit der Stockholmer Weltkirchenkonferenz, Zürich 1929; Jehle-Wildberger, Adolf Keller (wie Anm. 2), 261–265; Lange, Nathan Söderblom (wie Anm. 9), 310–413.

16 Albrecht Gerber: Deissmann the Philologist, Berlin 2010; Meinhardt, Adolf Deissmann (wie Anm. 8), 96–105; Jehle-Wildberger, Adolf Keller (wie Anm. 2), 112.

17 1929; Jehle-Wildberger, Adolf Keller (wie Anm. 2), 112.

18 Zitiert nach Fueter u. a. (Hg.), Adolf Keller. Ein Pfadfinder (wie Anm. 13), 8.

und Ausländermission. Er gehörte zu den Gründern des Weltbundes für Freundschaftsarbeit der Kirchen und war zudem Herausgeber von *Die Eiche* (1913–1933), einer Zeitschrift mit internationalem Wirkungsgrad, in der Keller oft schrieb. Zu seinen großen Leistungen für die Ökumene gehört auch die Herausgabe einer Kirchenkunde der Gegenwart mit dem Titel *Ekklesia*, an der sich Keller ebenfalls beteiligte. 1925 übernahm er eine Professur für Jugendpädagogik an der Universität Berlin. 1933 wurde er von der Gestapo verhaftet und in die Schweiz ausgewiesen, wo er bis 1946 mit seiner Frau und seinen vier Kindern als Studentenpfarrer lebte. Vom Zürcher Exil aus arbeitete er weiterhin als Geschäftsführer des Internationalen Kirchenkomitees für Flüchtlingshilfe.[19]

Diese Weg- und Bundesgenossen Kellers waren alle kontinentaleuropäische Kirchenvertreter. Durch die Begegnung mit Charles Macfarland, dem Generalsekretär des *Federal Council of the Churches of Christ* im Jahr 1919 anlässlich seiner ersten Amerikareise, rückte auch der nordamerikanische Protestantismus in Kellers Blickfeld. Ein Jahr nach Kriegsende erhielten die schweizerischen Kirchen eine Einladung zur Teilnahme an der Tagung des amerikanischen Kirchenbundes, des *Federal Council* in Cleveland, zu der Keller mit Zustimmung des Bundesrates abgeordnet wurde. Der amerikanische Protestantismus erschien Adolf Keller wie ein Spannungsfeld verschiedenster Kräfte, oder in seiner bildhaften, m. E. heute noch zutreffenden Darstellung, wie ein «Niagara von christlichem Enthusiasmus, gutem Willen, Opfergeist, der in einem riesenhaften Gefälle auf seelische Transformatoren hinunterstürzt und dort in geistliche, soziale, erzieherische, seelische Energie verwandelt wird».[20] Da waren vorerst die Kirchen, die, wie Keller darlegte, die «dogmatisch-konfessionelle Tradition» weiterpflegten, wenn auch nicht immer in wissenschaftlicher Arbeit. Sie hielten sich gebunden an die kirchlichen Grundlagen der *Westminster Confession* (vor allem die südlichen Presbyterianer), des *Heidelberger Katechismus* (die orthodoxen Reformierten), der *Augustana* (die orthodoxen Lutheraner), der *Neununddreißig Artikel* und des *Book of Common Prayers* (die Anglikaner). Daneben aber stand die große Gruppe jener Kirchen, die überhaupt «keine eigentliche kirchliche Theologie» mehr hatten. Viele dieser Kirchen (vor allem baptistischer, metho-

19 Stefan Grotefeld: Friedrich Siegmund-Schultze. Ein deutscher Ökumeniker und christlicher Pazifist, Gütersloh 1995; Heinz-Elmar Tenorth/Rolff Lindner/Frank Fechner/Jens Wietschorke: Friedrich Siegmund-Schultze 1885–1969. Ein Leben für Kirche, Wissenschaft und Soziale Arbeit, Stuttgart 2007.

20 Adolf Keller: Amerikanisches Christentum – heute, Zollikon 1943, 27. Siehe auch Adolf Keller: American Churches as Seen by a European, New York [1920], und Adolf Keller: Dynamis. Formen und Kräfte des amerikanischen Protestantismus, Tübingen 1922.

distischer und kongregationalistischer Grundform) sahen sich als «bekenntnisfrei» und überließen es dem Einzelnen oder einzelnen Gemeinden, eine theologische Überzeugung zu vertreten. Andere, besonders die *Disciples,* lehnten außer der Bibel grundsätzlich jedes Lehrbekenntnis ab. Zahlreiche kleinere Kirchen endlich suchten eine eigentliche Lehre durch einen «naiven Biblizismus» zu ersetzen.

Als charakteristische Eigenbildung schuf der vorwiegend ethisch-praktisch eingestellte amerikanische Protestantismus die Bewegung *Social Work* und die Theologie des *Social Gospel,* die, anders als in Europa, einen sehr großen Teil des amerikanischen Kirchentums beherrschten. Die Verpflichtung, sich in der Gesellschaft für die Lebens- und Arbeitsbedingungen einzusetzen, wurde allgemein anerkannt. Das erleichterte den Zusammenschluss der protestantischen Denominationen. Der erste Schritt zu ihrem Zusammenschluss wurde 1905 getan, aber erst 1908 gelang es auf föderativer Grundlage, den amerikanischen Kirchenbund (*Federal Council of the Churches of Christ in America*) zu gründen. Dem *Federal Council* schlossen sich die wichtigen protestantischen Denominationen sowie die anglikanische und orthodoxe Kirche in den Vereinigten Staaten an. Das Gründungsdokument wurde bezeichnenderweise *Social Creed* genannt.[21] In diesem war die Aufgabe formuliert, durch die Zusammenarbeit der christlichen Denominationen, unter Wahrung der Eigenständigkeit in Lehre und Kirchenordnung, den Herausforderungen der Industriegesellschaft vom christlichen Standpunkt aus wirksamer begegnen zu können. Aufgrund dieser Standortbestimmung gelang es dem *Federal Council,* die sozialpolitischen Aktivitäten sowie die sozialethischen Reflexionen zu konzentrieren, zu organisieren und so ihre Wirksamkeit in der Gesellschaft zu erhöhen. So arbeitete seit 1911 der *Federal Council* mit der *American Federation of Labor* zusammen und beobachtete kritisch die Außenpolitik der Vereinigten Staaten. 1914 war der *Federal Council* an der Gründung von *The World Alliance of Churches for Promoting International Friendship* beteiligt.[22]

Was Keller dort erlebte, beeindruckte ihn stark. Besonders prägend für ihn war die Begegnung mit Macfarland. Unter den Pionieren der ökumenischen Bewegung ist vielleicht keine Freundschaft so eng gewesen wie die von Keller und Macfarland. Bei jedem Treffen, sei es beim Weltbund für Internationale Freundschaftsarbeit oder bei der Vorbereitung der Weltkirchenkonferenzen in Stockholm und Lausanne wie in der Fortsetzungsarbeit der

---

21 Harry F. Ward (Hg.): Social Creed of the Churches, New York [1912?]. Vgl. auch Charles S. Macfarland: The Social Program of the Federal Council of the Churches of Christ in America, in: Proceedings of the Academy of Political Science in the City of New York 2 (1912), 174–179.

22 Meinhardt, Adolf Deissmann (wie Anm. 8), 68–73.

Life and Work und *Faith and Order Movements* und dann später in der Europäischen Zentralstelle für kirchliche Hilfsaktionen, steckten die beiden die Köpfe zusammen, waren stets innig vertraut. Zu Recht nennt Eckard van Herck sie in seiner Studie über die internationalen Organisationen der Zwischenkriegszeit die sozialen Ökumeniker *par excellence*.[23] Es mag nun etwas prosaisch, gerade in einer Jubiläumsfeier, klingen, aber bereits damals gab es das geflügelte Wort, sie seien «the relief arm of the ecumenical movement».[24]

Zusammenfassend: Aus den Erfahrungen des Ersten Weltkrieges folgerte Keller zusammen mit anderen Persönlichkeiten der Weltchristenheit, dass Europa im Begriff war, sich selbst zu zerstören. Er bemühte sich um die Erneuerung von Kirche und Gesellschaft nach urchristlichen Vorbildern und nach Anregungen aus den Begegnungen mit europäischen und nordamerikanischen Christen. Insbesondere die enge Zusammenarbeit mit Macfarland und dem *Federal Council* hielt ihm im übertragenen Sinne den Spiegel vor und ließ ihn sowohl die Weltverantwortung als auch die spirituelle Dimension der Kirche erkennen. Die Entfaltung dieser ekklesiologischen Aspekte im Hinblick auf die bisherige und künftige Entwicklung des schweizerischen Protestantismus wurde Kellers Lebensaufgabe.[25]

3 Der Zusammenschluss des schweizerischen Protestantismus im Schweizerischen Evangelischen Kirchenbund (1920–1941)

Es ist nicht nötig in diesem Kreis, besonders auf die Lage des schweizerischen Protestantismus zur Zeit des Ersten Weltkriegs hinzuweisen. Es genügt, sich in Erinnerung zu rufen, dass die reformierten Kirchen in so viele Einzelkirchen wie Kantone aufgesplittert waren und nur geringe Erfolge in ihren Bemühungen um engere Zusammenarbeit verzeichnen konnten. Während beinahe drei Jahrhunderten war das Einheitsband die evangelische Tagsatzung, auf welcher die Abgeordneten der evangelischen Stände ihre gemeinsamen Angelegenheiten ordneten.[26] Erst das 19. Jahrhundert brachte die Gründung von zwei neuen Vereinigungen, der 1839 gegründeten Schwei-

---

23 Eckhard van Herck: Die sozialen Ökumeniker. Adolf Keller, Charles Macfarland und die internationalen Organisationen der Zwischenkriegszeit, Zürich 1997.

24 Fueter u. a. (Hg.), Adolf Keller. Ein Pfadfinder (wie Anm. 13), 8.

25 Kellers Ringen mit diesen Problemen findet sich wieder in seiner Schrift: Die Kirchen und der Friede mit besonderer Berücksichtigung ihrer Stellung zum Völkerbund, Berlin 1927.

26 Adolf Keller: Der Schweizerische Evangelische Kirchenbund und die internationalen kirchlichen Einigungsbewegungen, 2. erw. Aufl., Zürich 1928, 3–5.

zerischen Predigergesellschaft und der Schweizerischen Evangelischen Kirchenkonferenz. Letztere wurde 1858 in der unruhigen Zeit nach dem Sonderbundkrieg geschaffen und tagte jährlich oder alle zwei Jahre. Die Beschlüsse der Versammlung von je zwei Abgeordneten der kantonalen Kirchen waren nicht verbindlich, galten aber doch als Vorschlag.[27] Wiederholt wurde der Wunsch nach engerer Zusammenarbeit der in der Kirchenkonferenz zusammengeschlossenen Kirchen laut. 1917, anlässlich der ordentlichen Abgeordnetenversammlung in Chur, wurde der alle zwei Jahre wechselnde Vorstand durch eine ständige Leitung ersetzt. Drei Jahre später beschloss die außerordentliche Versammlung im geschichtsträchtigen Bahnhofbuffet Olten vom 7. September 1920 einmütig die Umwandlung der Kirchenkonferenz in den Schweizerischen Evangelischen Kirchenbund.

Diese Entwicklung, so logisch und so vorhersehbar sie war, wurde weitgehend durch vier Faktoren bedingt. Erstens brachten die Erfahrungen des Ersten Weltkriegs den reformierten Kirchen der Schweiz zu Bewusstsein, dass ein engerer Zusammenschluss auf schweizerischer Ebene erforderlich sei. Zweitens die sichere Selbstbehauptung des politischen Katholizismus auf Bundesebene: Katholikentage, Katholischer Frauenbund, Gründung des Christlichsozialen Arbeiterbundes der Schweiz (1919) und v. a. die Wiedererrichtung der Apostolischen Nuntiatur in Bern im Juni 1920. Dass diese Entscheidung im protestantischen Lager kaum Proteste auslöste, lag mehr am Fehlen eines repräsentativen Organs der reformierten Kirchen als an der Befriedung der interkonfessionellen Verhältnisse.[28] Drittens die Vorbildfunktion des *Federal Council* als Katalysator für neue Konzepte kirchlicher Zusammenarbeit. Tatsächlich, kaum aus den Vereinigten Staaten zurückgekehrt, schickte sich Keller an, die schweizerischen Kirchen von der Notwendigkeit der Errichtung einer Struktur, die mit den übrigen Kirchen in Dialog treten sollte, zu überzeugen. Marianne Jehle-Wildberger schreibt:

> Jetzt, nach seinem Amerikabesuch, galt Keller in der evangelischen Schweiz als «Weltreisender». Man war begierig, ihn sprechen zu hören. Vielerorts referierte er über das amerikanische Kirchenwesen, vor allem aber über die

---

27 Vgl. zuletzt Christoph Ramstein: «Pfarrbrüder», «Pfarrconvent» und Schweizerische Predigergesellschaft. Drei historische Beispiele der Zusammenarbeit und des Austauschs unter Pfarrpersonen der reformierten Schweiz im 19. Jahrhundert, in: Zwingliana 38 (2011), 175–209, bes. 195–209; Arnold Mobbs: Die evangelischen Kirchen der Schweiz im Zeitalter der Ökumene und der zwischenkirchlichen Hilfe. 50 Jahre Kirchenbund, Bern 1970, 7–15.

28 Hermann Kocher: «Es ist zum Katholischwerden»! Der römische Katholizismus 1920–1950 aus der Optik des deutsch-schweizerischen Protestantismus, in: Victor Conzemius (Hg.): Schweizer Katholizismus 1933–1945. Eine Konfessionskultur zwischen Abkapselung und Solidarität, Zürich 2001, 77–121.

Arbeit des Federal Council. Er propagierte einen schweizerischen Kirchenbund. Voll Freude meldete er Ende 1919 an Macfarland: «You have no idea how the interest of our churches in your Church Federation has increased these last months». Am 8. Juni 1920 fand in Brugg die ordentliche Jahresversammlung der Kirchenkonferenz statt. Keller hielt ein feuriges Referat über den amerikanischen Kirchenbund. Der Widerstand schmolz dahin. So ging der Beschluss zur Gründung des Schweizerischen Evangelischen Kirchenbunds (SEK) an der ausserordentlichen Sitzung der Kirchenkonferenz vom 7. September 1920 in Olten reibungslos über die Bühne.[29]

Adolf Keller wurde sein erster deutschweizerischer Sekretär und blieb in diesem Amt bis und mit 1941. Männer wie Pfarrer Otto Herold, Professor Eugene Choisy und später Pfarrer Alphons Koechlin wurden hier seine Weggefährten als Präsidenten.

Die eindrücklichen Leistungen des *Federal Council* zur Verständigung der Völker und ökumenischen Zusammenarbeit haben zweifelsohne die Gründung des SEK gefördert. Man darf jedoch einen weiteren, vierten Faktor keineswegs übersehen, nämlich die veränderte weltpolitische und ökumenische Lage, die die teilweise selbstgewollte Isolierung der evangelischen Schweiz gegenüber den ausländischen Kirchen obsolet, ja im Rückblick auf ihre internationale Ausstrahlung in der Reformationszeit sogar absurd erscheinen ließ. Es wird oft unterschätzt, wenn nicht sogar ignoriert, dass 1920 für die Völkergemeinschaft und die Ökumene wahrhaftig ein Schlüsseljahr war. Am 10. Januar 1920, kurz nach Ende des Ersten Weltkrieges, nahm der Völkerbund seine Arbeit in Genf auf. Er sollte sowohl die internationale Kooperation fördern, in Konfliktfällen vermitteln als auch die Einhaltung von Friedensverträgen überwachen. Es ist ohne Weiteres verständlich, dass diese Ziele dem *Federal Council* unbefriedigend erschienen, der 1919 in einer Erklärung mit dem Titel *Vom Weltkrieg zur Weltfreundschaft* ganz andere Töne anschlug. Die zentralen Aussagen dieses Dokuments waren: Die Christen, die sich bisher wenig um soziale Gerechtigkeit und um das Völkerrecht gekümmert haben, müssen ihre Verantwortung entdecken und die Gründung eines «Bundes freier Nationen» anstreben. Dieser soll mehr sein als «politisches Hilfsmittel», eher der «politische Ausdruck der Reich-Gottes-Idee» werden.[30] Gewiss, die guten Vorsätze des *Federal Council* scheiterten ebenso wie das Ziel der Umsetzung der Kant'schen Forderung nach ewigem Frieden durch den Völkerbund. Während der Völkerbund wenige Erfolge verzeichnen konnte, ermöglichte aber die Friedensarbeit des *Federal Council* und vor allem die Finanzkraft und Hilfsbereitschaft der nordamerikanischen

29 Jehle-Wildberger, Adolf Keller (wie Anm. 2), 134.
30 Meinhardt, Adolf Deissmann (wie Anm. 8), 179f.

Christen den Wiederaufbau Europas, oder zumindest wäre die Auswirkung der Not in der Bevölkerung ohne sie wesentlich größer gewesen.

Im Januar 1920 – das Datum ist wichtig – hatte zudem das Orthodoxe Ökumenische Patriarchat in Konstantinopel einen Hirtenbrief an alle Kirchen Christi geschickt mit der Aufforderung, das ökumenische Anliegen aufzunehmen und zu fördern.[31] Diese Enzyklika von 1920 war freilich keine *creatio ex nihilo*. Während des Krieges hatten die anglikanischen und die skandinavischen Kirchen die Beziehungen zu den orthodoxen Kirchen intensiviert, weil diese durch die Russische Revolution, durch den Zusammenbruch der Habsburger Monarchie und die Auflösung des Osmanischen Reiches in Gefahr geraten waren. Insbesondere pflegte Nathan Söderblom Beziehungen zu Metropolit Germanos Strenopoulos von Thyateira (1872–1951), dem Vertreter des Patriarchats von Konstantinopel. Die Vorstellungen beider Kirchenführer von der christlichen Einigung flossen in den Hirtenbrief ein, an dessen Ausarbeitung Germanos mitwirkte.[32] So begründete die Enzyklika die Annäherung der Orthodoxie an die Kirchen Westeuropas und Nordamerikas vor dem Hintergrund der politischen und wirtschaftlichen Krise Osteuropas und des Nahen Ostens und schlug die Gründung eines Kirchenbundes aller Konfessionen analog zum Völkerbund vor.

Schließlich, im Jahr 1920 – das Datum ist ebenfalls wichtig: 5. Juli bis 7. August – wandte sich die Lambeth-Konferenz, die alle zehn Jahre stattfindende Vollversammlung aller anglikanischen Bischöfe, an die Weltchristenheit mit einem *Appeal to All Christian People*.[33] Die Bischofskonferenz als Leitungsorgan der anglikanischen Weltgemeinschaft entwarf angesichts der andauernden Gefahr für den Weltfrieden die «Vision» zukünftiger Einheit der Christenheit. Die zentrale Aussage lautete:

> The times call us to a new outlook and new measures. The Faith cannot be adequately apprehended and the battle of the Kingdom cannot be worthily fought while the body is divided, and is thus unable to grow up into the fullness of the life of Christ. The time has come, we believe, for all the separated groups of Christians to agree in forgetting the things which are behind and reaching out towards the goal of a reunited Catholic Church. The re-

31 Encyclical Letter from the Patriarchate of Constantinople, in: George K. A. Bell (Hg.): Documents on Christian Unity. A Selection from the First and Second Series, 1929–30, 2. Aufl., London 1955, 17–21. Vgl. Rouse/Neill, History Ecumenical Movement (wie Anm. 7), 645–657; Thomas E. FitzGerald: The Ecumenical Movement. An Introductory History, Westport (CT) 2004, 103–106.

32 Willem A. Visser 't Hooft: The Genesis and Formation of the World Council of Churches, Genf 1982, 2.

33 An Appeal to All Christian People (August 1920) und die Resolutions (10–16) on the Reunion of Christendom (August 1920), in: Bell (Hg.), Documents (wie Anm. 31), 1–8.

moval of the barriers which have arisen between them will only be brought about by a new comradeship of those whose faces are definitely set this way.

The vision which rises before us is that of a Church, genuinely Catholic, loyal to all Truth «and gathering into its fellowship all who profess and call themselves Christians», within whose visible unity all the treasures of faith and order, bequeathed as a heritage by the past to the present, shall be possessed in common, and made serviceable to the whole Body of Christ. Within this unity Christian Communions now separated from one another would retain much that has long been distinctive in their methods of worship and service. It is through a rich diversity of life and devotion that the unity of the whole fellowship will be fulfilled. This means an adventure of goodwill and still more of faith, for nothing less is required than a new discovery of the creative resources of God.[34]

Der *Aufruf an die Christenheit* wurde als Dokument der Selbstkritik und des ebenso mutigen wie kreativen Eingehens auf die Krise Europas seit dem Ersten Weltkrieg interpretiert und weithin positiv aufgenommen.

So wurde das Jahr 1920, das zugleich das Gründungsjahr des SEK war, zum Beginn der neuen Phase der Bewegung für die Einheit der Christen. Die Kirchen reformatorischer Prägung begannen, mit der anglikanischen Weltgemeinschaft und mit der Orthodoxie für die Einheit der Christen zusammenzuarbeiten. Dies gilt uneingeschränkt auch für die evangelisch-reformierten Kirchen der Schweiz und den Schweizerischen Evangelischen Kirchenbund. Sie sind seitdem nicht mehr evangelisch-reformiert *und* ökumenisch, sondern sie sind als evangelisch-reformierte Kirchen *eo ipso* ökumenisch. Der Kirchenbund war für Adolf Keller weder ein Selbstzweck noch der Ort, an dem lediglich ein ausgewogenes Verhältnis zwischen den vielfältigen Interessen der Mitgliedkirchen und im Zusammenspiel von Kirche und Gesellschaft herzustellen war. Der Kirchenbund sollte vielmehr das Organ sein, das bei Interessenkonflikten in der Orientierung am Auftrag der Kirche auf die verbindlichen ökumenischen Verpflichtungen der Mitgliedkirchen hinweisen und zu deren Konkretisierung dienen sollte. Es ließe sich manches über diese auffällige Konjunktur des *annus mirabilis* 1920 sagen, auch manches Kritische. Hier jedoch genügt, ein bekanntes Sprichwort zu paraphrasieren: Wie oft in der Schweizer Kirchengeschichte, haben auch 1920 die *providentia Dei* und äußere politische oder kirchenpolitische Einflüsse mitgewirkt und das Leben der reformierten Kirchen entscheidend geprägt.[35]

34 An Appeal to All Christian People (wie Anm. 33), 2f.

35 Man denke nur beispielsweise an die Entstehung des *Consensus Tigurinus* (1549) im Gefolge des Augsburger Interims, oder an die *Formula Consensus Ecclesiarum Reformatarum Helveticarum*, 1675 eingeführt, aber infolge des Widerspruchs, welcher in Kur-

4 Der Aufbau der kirchlichen Hilfe in den kriegsversehrten Ländern Europas

Seine Tätigkeit eröffnete der Kirchenbund mit der 1921 und 1923 durchgeführten. Sammlung «für die Kirchen unter dem Kreuze», die die damals enorm hohe Summe von 1,2 Millionen Franken ergab und den notleidenden protestantischen Kirchen Deutschlands, Frankreichs und Österreichs zukam.[36] Zum Vergleich: Der amerikanische Kirchenbund baute für mehr als 3 Millionen Dollar die Kirchen und Pfarrhäuser vor allem in Frankreich wieder auf. Die Schweden setzten sich besonders für den Neuaufbau des Diakonissenwerkes ein, und die Quäker brachten große Summen für die Schulspeisungen unterernährter Kinder auf. Bezogen auf die chaotischen Zustände in den europäischen Kirchen in den Jahren nach dem Ersten Weltkrieg war das freilich nur der sprichwörtliche Tropfen auf den heißen Stein. Die Lebenssituation in großen Teilen Europas war äußerst schwierig. Wohnraum und Infrastruktur waren besonders in den Großstädten vielfach zerstört. Es mangelte überall an wichtigen Lebens-, Arznei- und Heizmitteln, Bekleidung und Krankenhäusern. Es gab das gigantische Problem der Vertreibung großer Bevölkerungsteile in Deutschland, Österreich und auf dem Balkan, mancherorts herrschten Arbeitslosigkeit, Hunger und Armut. Es fehlte an Mitteln zur Ausbildung von Theologen, Missionswerke und evangelische Schulen waren in ihrer Existenz bedroht.[37] Zudem bereitete nicht selten die konfessionelle Engstirnigkeit mancher Kirchen den Helfern erhebliche Schwierigkeiten. Hilfe brauchten in jener Zeit so viele, und die zur Verfügung stehenden Hilfsgüter reichten nicht aus. Es galt immer wieder abzuwägen, ob, wie und wem nun zu helfen war. Mit der Zustimmung Söderbloms und Macfarlands veranstaltete deshalb Adolf Keller als neugewählter SEK-Sekretär eine Enquete über die Notlage der europäischen Kirchen, die als Grundlage für eine «Notkonferenz des europäischen Protestantismus» dienen sollte. Ziel der Konferenz war, erstmalig eine überdenominationelle Verteilung der Hilfsgüter zu durchdenken, welche den am härtesten von Not Betroffenen zugute kommen sollte. Sie fand im August 1922 in Kopenhagen mit Vertretern aus 37 Kirchen statt und führte 1924 zur Gründung der Europäischen Zentralstelle für kirchliche Hilfsaktionen (*European Central*

---

brandenburg und in England, ja selbst in der Schweiz dagegen erhoben wurde, zu Beginn des 18. Jahrhundert wieder außer Kraft gesetzt.

36 Keller, Der Schweizerische Evangelische Kirchenbund (wie Anm. 26), 7f.

37 Siehe: Zur Lage des Europäischen Protestantismus. Übersicht über Notstände und Hilfswerke im Gebiet der europäischen evangelischen Kirchen nach Originalberichten, bearbeitet und herausgegeben vom Sekretariat des Schweizerischen Kirchenbundes, Zürich 1922.

Bureau for Inter-Church Aid).[38] Was später als «Bethesda-Konferenz» bekannt wurde, weil sie im Kopenhagener Missionshaus Bethesda stattfand,[39] darf mit Fug und Recht als ökumenische Sternstunde bezeichnet werden, wenn man bedenkt, dass Anglikaner, Lutheraner, Reformierte, Unierte, Presbyterianer, Methodisten, Baptisten, Kongregationalisten und Quäker von beiden Seiten des Atlantiks anwesend waren. Es ging weniger darum, die Hilfeleistungen zu zentralisieren, als sie zu koordinieren und überhaupt in Gang zu bringen.

1924 wurde Keller die Leitung der Europäischen Zentralstelle für kirchliche Hilfsaktionen in Genf anvertraut, und er verließ sein Zürcher Pfarramt, um sich ganz dieser Aufgabe widmen zu können. Seine historischen Verdienste sind unbestritten. Ohne ihn hätte ein ganz großer Teil dessen, was erreicht worden ist, nicht erreicht werden können. Ebenso wichtig war die Zusammenarbeit mit dem *Federal Council*. Karl Heinz Voigt bringt es auf den Punkt, wenn er schreibt: «[…] Geneva's Central Office was practically an unofficial branch of New York's Federal Council.» [40] In vielen Ländern konnte der kirchliche Aufbau gefördert werden. Die Hilfe blieb nicht auf protestantische Adressaten beschränkt. Die Europäische Zentralstelle half orthodoxen Studenten, unterstützte verfolgte armenische Christen und nestorianische Assyrer im Irak, half bei Hungersnöten in Russland und China. Später kam unter anderem das Engagement für evangelische Flüchtlinge aus Spanien in Frankreich dazu.[41] Mit Hilfe von Schweizer Bankiers rief Keller im Hinblick auf größere Projekte eine internationale protestantische Darlehensgenossenschaft ins Leben (APIDEP), den Vorgänger des heutigen

---

38 Adolf Keller: Protokoll über die Verhandlungen der Notkonferenz des europäischen Protestantismus in Kopenhagen vom 10.–12. August 1922, Zürich 1922; Adolf Keller: Die europäische Zentralstelle für kirchliche Hilfsaktionen, Gotha 1933 (Sonderdruck aus: Die Eiche, 1933, Nr. 1); Adolf Keller: Der Schweizerische Evangelische Kirchenbund und die ökumenische Bewegung, in: Friedrich Siegmund-Schultze (Hg.): Ekklesia, Bd. 3: Die Mitteleuropäischen Länder, Gotha 1935, 122–135, hier 128–130.

39 Nach Meinhardt, Adolf Deissmann (wie Anm. 8), 199, Anm. 29 geht diese Bezeichnung auf Deißmann zurück.

40 Karl Heinz Voigt: The Influence of the U. S. Federal Council of Churches on the Ecumenical Organizations in Germany. From «Inner-church Aid» (1920) to «Interchurch Aid», in: Methodist History 51 (2013), 61–72: «The influence of the New York office of the Federal Council of Churches of Christ in America cannot be ignored. The Council convened the Bethesda Conference in 1922 and also financed it. After this conference when the European Central Office for Church Aid Projects was established its financing was also managed by the New Yorkers, working with the Swiss Evangelical Church Federation. Soberly considered, Geneva's Central Office was practically an unofficial branch of New York's Federal Council. The relationship of these two offices became an important junction on the way from an inner-church orientation to aid projects to an inter-church orientation.» (hier 66).

41 Van Herck, Die sozialen Ökumeniker (wie Anm. 23), passim.

ökumenischen Darlehensfonds ECLOF.[42] Obschon die Europäische Zentralstelle nicht als Flüchtlingshilfswerk gegründet worden war, erhielt dieser Dienst vorab an evangelischen Flüchtlingen ab 1933 immer mehr Gewicht.[43] Im Jahr 1945 wurde die Europäische Zentralstelle in die Abteilung für zwischenkirchliche Hilfe des ÖRK integriert.

Fünfzig Jahre nach dem Tod Adolf Kellers kann man nur dankbar sein für alle Einsichten, Verlautbarungen und Projekte, die er zuwege gebracht und damit die schweizerischen Kirchen sowie die ökumenische Landschaft nachhaltig verändert hat. Der Samen, den er gestreut hat, ging auf und hat Frucht gebracht. Es ist dem Schweizerischen Evangelischen Kirchenbund zu wünschen, dass er den Gliedkirchen auch in Zukunft Schritte zur Verständigung der Völker und zur Zusammenarbeit der Christen weist.

42 The case for ECLOF. A gift that keeps on giving, Ecumenical Church Loan Fund, Genf [1955?].

43 Dazu Hermann Kocher: Rationierte Menschlichkeit. Schweizerischer Protestantismus im Spannungsfeld von Flüchtlingsnot und öffentlicher Flüchtlingspolitik der Schweiz 1933–1948, Zürich 1996, 60–64, 71–78, 512 u. v. m.

Stefan Grotefeld

Adolf Keller als schweizerischer und ökumenischer Sozialethiker

Der schlichte Titel dieses Aufsatzes täuscht. Denn was schlicht klingt, ist auch einfach, sollte man meinen. Doch wer auch nur einen flüchtigen Blick in die von Marianne Jehle-Wildberger verfasste Biographie Kellers geworfen hat, weiß, warum die Sache schwieriger ist, als der Titel es vielleicht erwarten lässt. Das Problem besteht nämlich darin, dass Adolf Kellers sozialethisches Engagement innerhalb der Schweizer Kirchen und der Ökumene ausgesprochen vielfältig und umfangreich war. Es begann spätestens 1920, währte mehr als zwei Jahrzehnte und umfasste damit eine Zeitspanne voller theologischer Herausforderungen und vor allem voller politischer Krisen und Katastrophen. Keller hat diese Zeit nicht nur miterlebt, mitreflektiert und miterlitten – er hat sie als jemand, der wichtige kirchliche Ämter und Positionen innehatte, auch mitgestaltet: Sei es als Leiter der Europäischen Zentralstelle für kirchliche Hilfsaktionen (seit 1922), sei es als Europäischer Sekretär des *Federal Council of Churches of America* (seit 1923), sei es als Associate General Secretary von *Life and Work* (seit 1925), sei es als Leiter des Internationalen Sozialwissenschaftlichen Instituts (seit 1926), sei es als Leiter der Zeitschrift *Stockholm* (seit 1928), sei es als Präsident der Sozialen Kommission des Kirchenbundes (seit 1931) oder sei es als Präsident des Schweizerischen kirchlichen Hilfskomitees für evangelische Flüchtlinge (seit 1938).

Statt den Begriff des Sozialethikers sehr weit zu fassen und all diese Tätigkeiten Kellers nachzuzeichnen und zu analysieren, erlaube ich mir, das Thema in vier Hinsichten zuzuspitzen.

Erstens: Ich werde Kellers sozialethisches Engagement weitgehend außer Acht lassen und mich stattdessen auf sein sozialethisches Denken konzentrieren. Das Interesse, von dem ich mich im Folgenden leiten lasse, ist also kein historisches, sondern ein systematisch-theologisches.

Zweitens: Ich möchte den Titel meines Aufsatzes in Beziehung zum Titel der Tagung setzen, in deren Kontext er entstanden ist, indem ich der Frage nachgehe, wie Keller über den Auftrag der Kirche in sozialethischer Hinsicht gedacht hat.

Drittens: Sozialethik hat es mit der Gestaltung der sozialen Strukturen zu tun, in denen Menschen leben und handeln.[1] Diese sozialen Strukturen und Institutionen prägen und beeinflussen unser Leben in vielerlei Hinsicht, wobei ich das Augenmerk im Folgenden besonders auf Kellers Überlegungen zu den Bereichen Wirtschaft und Soziales richten und andere Felder, wie zum Beispiel das der staatlichen Ordnungen oder der internationalen Beziehungen, ausklammern werde.

Viertens: Aus pragmatischen Gründen konzentriere mich auf drei Texte Kellers, die mir für diese Thematik einschlägig zu sein scheinen. Der erste erschien 1926 in der von dem Berliner Ökumeniker Friedrich Siegmund-Schultze[2] herausgegebenen Vierteljahrsschrift *Die Eiche* unter dem Titel *Die soziale Erneuerung der Menschheit durch das Christentum* und ist im Zusammenhang mit der Gründung des Sozialwissenschaftlichen Instituts entstanden, dem Keller vorstand.[3] Der zweite Text stammt aus dem Jahr 1931. Er trägt den Titel *Das Christentum und der heutige Wirtschaftsmensch* und geht auf einen Vortrag Kellers vor der Volkswirtschaftlichen Gesellschaft in St. Gallen

---

1 Vgl. z. B. Arthur Rich: Wirtschaftsethik. Grundlagen in theologischer Perspektive, 3., durchgesehene Aufl., Gütersloh 1987, 65: «Sofern es also in der Sozialethik um die Verantwortung für das Wie der strukturellen Ordnung der Institutionen des gesellschaftlichen Zusammenlebens geht […], ist sie Ethik des Mittelbaren oder gesellschaftsstrukturelle Ethik», sowie Johannes Fischer/Stefan Gruden/Esther Imhof/Jean-Daniel Strub: Grundkurs Ethik. Grundbegriffe philosophischer und theologischer Ethik, Stuttgart 2007, 80: «Der entscheidende Gesichtspunkt für die Unterscheidung zwischen Individual- und Sozialethik ist jedoch, dass letztere es mit sozialen Strukturen und deren Gestaltung zu tun hat […]. Das können zum Beispiel Rechtsregeln und rechtlich fixierte Gebilde sein wie Unternehmen, Verbände, politische Institutionen usw. Aber es können auch Lebensformen sein, für die es keine rechtliche Gestalt gibt oder die, wenn es sie gibt, doch auch in einer gewissen Unabhängigkeit von ihrer Rechtsform bestehen wie z. B. die Ehe, die Familie, nichteheliche Lebensgemeinschaften usw.»

2 Zu Siegmund-Schultze vgl. Stefan Grotefeld: Friedrich Siegmund-Schultze. Ein deutscher Ökumeniker und christlicher Pazifist (Heidelberger Untersuchungen zu Widerstand, Judenverfolgung und Kirchenkampf im Dritten Reich 8), Gütersloh 1995, und Julian Jenkins: Christian Pacifism Confronts German Nationalism. The Ecumenical Movement and the Cause of Peace in Germany, 1914–1933 (Studies in Religion and Society 55), Lewiston/Queenston/Lampeter 2002.

3 Die Eiche 14, 1926, 266–285. Die folgenden Zitate sind dem Separatdruck entnommen, der ebenfalls 1926 erschien: Adolf Keller: Die soziale Erneuerung der Menschheit durch das Christentum, Herrnhut 1926.

zurück.[4] Beim dritten schließlich handelt es sich um einen Vortrag, den Keller 1944 vor dem Schweizerischen Pfarrverein hielt. *Die Stellungnahme der Kirche zu den politischen und sozialen Zeitfragen* lautet der Titel dieses Textes,[5] der sich, wie Marianne Jehle-Wildberger in ihrer Biographie bemerkt, «wie ein Vermächtnis an die Schweizer Kirche und insbesondere an den Kirchenbund» liest.[6]

Im Folgenden gehe ich so vor, dass ich die Frage, wie Keller über den Auftrag der Kirche in sozialethischer Hinsicht gedacht hat, zunächst in drei Teilfragen gliedere, die ich nacheinander behandle. Den Schluss meines Vortrages bilden ein kurzes Fazit und ein Ausblick. Die drei Teilfragen, mit denen ich mich im Folgenden nun hauptsächlich auseinandersetzen werde, lauten:

- Hat die Kirche einen sozialethischen Auftrag?
- Worin besteht der sozialethische Auftrag der Kirche?
- Wie soll und wie kann die Kirche diesen Auftrag erfüllen?

1 Hat die Kirche einen sozialethischen Auftrag?

Dass die Kirche einen sozialethischen Auftrag hat, stand für Keller außer Frage. Und nicht nur das: Er war bereits 1926 der Überzeugung, dass sich diese Einsicht inzwischen weitgehend durchgesetzt habe. Ein Jahr nach der Weltkirchenkonferenz für Praktisches Christentum in Stockholm und zu Beginn seiner Tätigkeit als Leiter des Internationalen Sozialwissenschaftlichen Instituts schrieb er voller Optimismus in der Zeitschrift *Die Eiche*:

> Ein guter Teil der religiösen Erkenntnis des letzten halben Jahrhunderts besteht in der Einsicht, daß die christliche Verkündigung, indem sie Erlösung bringt, eine soziale Botschaft einschließt und damit nicht nur Trost und Seligkeit der einzelnen Seele im Auge hat, sondern eben die soziale Erneuerung der Menschheit als Ganzes.[7]

Keller glaubte also nicht nur, dass das Evangelium eine soziale Botschaft impliziere, er war darüber hinaus davon überzeugt, dass das Christentum dazu berufen sei, die Menschheit in sozialer Hinsicht zu erneuern.

---

4 Adolf Keller: Das Christentum und der heutige Wirtschaftsmensch, Zürich 1931.

5 Adolf Keller: Die Stellungnahme der Kirche zu den politischen und sozialen Zeitfragen, in: Verhandlungen des Schweizerischen Reformierten Pfarrvereins, 84. Versammlung am 25., 26. und 27. September 1944 in Luzern, Luzern 1945, 65–108.

6 Marianne Jehle-Wildberger: Adolf Keller (1872–1963). Pionier der ökumenischen Bewegung, Zürich 2008, 181.

7 Keller, Die soziale Erneuerung (wie Anm. 3), 1.

Eine eigene theologische Begründung für diese Behauptung sucht man in dem Aufsatz von 1926 freilich vergeblich. Glaubte Keller darauf verzichten zu können, weil er mit dem Einverständnis seiner Leserinnen und Leser rechnete? Vielleicht. Vor allem aber dürfte er sich darüber im Klaren gewesen sein, dass jede noch so gute theologische Begründung Einwände provozieren und so seinem Anliegen mehr schaden als nützen würde. Deshalb versuchte Keller seine Auffassung auf andere Weise zu plausibilisieren, indem er sich auf zwei andere Autoritäten berief: die Mehrheit und den historischen Trend.

«Die soziale Bedeutung der Verkündigung Jesu Christi«, so erklärte er, «ist in den letzten Jahren weit herum erkannt und herausgearbeitet worden von Einzelnen, ganzen Gruppen und Kirchen und in verschiedenen Ländern.»[8] Und tatsächlich konnte Keller einige Belege für seine These anführen. Dennoch dürfte er die durchaus vorhandenen Differenzen zwischen den verschiedenen theologischen Richtungen und Kirchen unterschätzt oder heruntergespielt haben, wenn er an anderer Stelle meinte festzustellen zu dürfen, «umstritten« sei «nur», wie viel der Mensch selber zu den erforderlichen sozialen Veränderungen beitragen könne.[9]

Keller selber bestätigte dies indirekt, als er knapp zwanzig Jahre später, also 1944, vor dem Schweizerischen Pfarrverein von den politischen und ökumenischen «Enttäuschungen»[10] der zurückliegenden Jahre sprach. Nichtsdestotrotz glaubte er an der schon 1926 vertretenen These festhalten zu können: «Das Soziale und das Politische sind», so erklärte er, «als theologisch-kirchliche Aufgaben erkannt worden.»[11]

Dabei argumentierte Keller ganz ähnlich wie 1926. Zwar mangle es der ökumenischen Bewegung im Unterschied zur katholischen Kirche nach wie vor an «einer einheitlichen sozialen Theologie».[12] Dennoch sei es möglich, aus den verschiedenen Konzepten theologischer Ethik, die auf evangelischer Seite diskutiert würden, Impulse für eine «christliche Sozialtheorie zu gewinnen»[13] – und zwar unabhängig davon, ob man sich nun an Emil Brunners Lehre von den Schöpfungs- und Erhaltungsordnungen, Karl Barths Lehre von der Königsherrschaft Christi, dem anglikanischen Inkarnationsgedanken oder der Reich-Gottes-Lehre der Religiösen Sozialisten und der amerikanischen *Social Gospel*-Bewegung orientiere.[14]

8 Keller, Die soziale Erneuerung (wie Anm. 3), 1
9 Keller, Die soziale Erneuerung (wie Anm. 3), 2.
10 Keller, Die Stellungnahme der Kirche (wie Anm. 5), 69.
11 Keller, Die Stellungnahme der Kirche (wie Anm. 5), 69.
12 Keller, Die Stellungnahme der Kirche (wie Anm. 5), 74.
13 Keller, Die Stellungnahme der Kirche (wie Anm. 5), 75.
14 Vgl. Keller, Die Stellungnahme der Kirche (wie Anm. 5), 75–78.

Kellers eigene Auffassung kommt wohl am deutlichsten in dem Vortrag zum Ausdruck, den er 1931 vor der Volkswirtschaftlichen Gesellschaft in St. Gallen hielt und in dem er das Verhältnis von Christentum und Wirtschaft erörterte. Dass das Christentum nicht umhin komme, sich mit wirtschaftlichen Fragen zu beschäftigen und sich zu ihnen zu äußern, begründete Keller hier damit, dass das Christentum immer dort herausgefordert sei, wo die Sinnfrage gestellt werde und auf dem Spiel stehe. Und eben dies sei angesichts der gegenwärtigen wirtschaftlichen Lage der Fall. Das Christentum, so Keller,

> bringt menschliche und ewige Grundwahrheiten, die auch im Wirtschaftsprozess nicht eskamotiert werden dürfen, die wesentliche Elemente der Wirtschaftsgesinnung werden müssen, wenn nicht das Leben selbst unter der Wirtschaft leiden soll. Es [d. h. das Christentum] verkündet göttliche Schöpfungsgebote – Naturrecht nennt sie die katholische Kirche –, die Grundgesetze der menschlichen Gemeinschaft bedeuten, höhere Lebenswahrheiten, die auch von der Eigengesetzlichkeit der Wirtschaft nicht vernachlässigt werden dürfen.[15]

Natürlich stellt sich damit die Frage, welche Grundeinsichten dies sind, und damit sind wir zugleich bei der zweiten der eingangs von mir formulierten Fragen, der Frage nämlich, worin denn der sozialethische Auftrag der Kirche bestehe.

2 Worin besteht der sozialethische Auftrag der Kirche?

Anders als bei der ersten Frage lassen sich hinsichtlich der Beantwortung dieser Frage gewisse Akzentverschiebungen bei Keller beobachten.

In seinem Aufsatz aus dem Jahr 1926 nannte Keller zunächst vier Aufgaben, derer sich das Christentum im Hinblick auf die «soziale Erneuerung der Menschheit» annehmen müsse: eine religiöse, eine theoretische, eine erzieherische und eine organisatorische, wobei er unter der organisatorischen Aufgabe das praktische, diakonische Engagement von Kirchen sowie christlichen Gruppen und Individuen verstand.

Während Keller die Bedeutung der religiösen Aufgabe besonders hervorhob,[16] konnte sich die «theoretische Erfassung und Behandlung der

---

15 Keller, Das Christentum und der heutige Wirtschaftsmensch (wie Anm. 4), 10.

16 Vgl. Keller, Die soziale Erneuerung (wie Anm. 3), 10: «Das Christentum darf sich durch nichts von der Verkündigung des Evangeliums Jesu Christi als der eigentlichen Hauptaufgabe abbringen lassen und kann sich mit sozialer Erneuerung nur insoweit befassen und dafür interessieren, als sie in dieser Verkündigung mitgegeben und

Tatsache» nach seiner Einschätzung im Wesentlichen darauf beschränken, die Ergebnisse der in den vergangenen Jahren durch kirchliche oder kirchennahe Institutionen geleisteten Arbeit zu koordinieren.[17] Von offenen sozialethischen Problemen oder Fragen, mit denen man sich auseinandersetzen müsse, sprach Keller hingegen nicht. Dazu passt, dass er die dritte Aufgabe als eine «erzieherische» bezeichnete, setzt dies doch offenbar voraus, dass die Kirchen über bestimmte Einsichten verfügen, die sie an andere weitergeben können und sollen. Dementsprechend heißt es bei Keller: «Die Anklage dieser Tatsachen» – und damit meinte er offenbar die sozialen Gegebenheiten – «muss allen Verantwortlichen, den besitzenden Klassen, den Regierungen, den Einzelnen, ins Gewissen hineingehämmert werden.»[18]

Fünf Jahre später, 1931 also, äußerte sich Keller einerseits zurückhaltender, andererseits aber auch etwas konkreter zur sozialethischen Aufgabe der Kirche.

Zurückhaltender wirken Kellers Äußerungen deshalb, weil er zwar nach wie vor von einer «sozial-erzieherische[n]» Arbeit der Kirche sprach, statt von einem «Hineinhämmern», daneben aber lediglich von einem «ständige[n] Appell an das öffentliche Gewissen»[19].

Interessanter für die von mir verfolgte Fragestellung ist, dass sich Keller darüber hinaus nun etwas deutlicher zum Inhalt der sozialethischen Aufgabe der Kirche äußerte. Diese könne, so erklärte er seinen Zuhörerinnen und Zuhörern, nicht darin bestehen, ein «fertiges Wirtschaftsprogramm»[20] zu verkünden, da sie über ein solches Programm nicht verfüge.[21] Stattdessen solle sie, wie vorhin bereits erwähnt, für bestimmte «Grundwahrheiten» eintreten, die im gegenwärtigen Wirtschaftsleben auf dem Spiel stünden. Keller selber nannte in seinem Vortrag vor der Volkswirtschaftlichen Gesellschaft in St. Gallen drei solcher «Grundwahrheiten» oder «Grundgesetze», von denen er glaubte, dass sie «richtungsgebend sind für den Neubau der menschlichen Gesellschaft und Wirtschaft».[22]

Die erste Grundwahrheit lautet, dass der Mensch im Mittelpunkt des Wirtschaftslebens stehen muss und nicht die realen oder vermeintlichen

---

gefordert ist. Die soziale Arbeit darf daher von uns nicht verselbständigt werden in sozialer Betriebsamkeit oder losgelöst werden vom Antrieb des Evangeliums, sondern sie muß als Ausdruck des göttlichen Erlösungswillens, des Liebesgeistes Jesu Christi, des Kampfes um das Reich Gottes und des Glaubens an sein Kommen getan werden.»

17 Vgl. Keller, Die soziale Erneuerung (wie Anm. 3), 12f.

18 Keller, Die soziale Erneuerung (wie Anm. 3), 14.

19 Keller, Das Christentum und der heutige Wirtschaftsmensch (wie Anm. 4), 22.

20 Keller, Das Christentum und der heutige Wirtschaftsmensch (wie Anm. 4), 10.

21 So Keller bereits fünf Jahre zuvor. Vgl. Keller, Die soziale Erneuerung (wie Anm. 3), 5, wo Keller erklärt, diese «Einsicht» beginne sich heute in den Kirchen «durchzusetzen».

22 Keller, Das Christentum und der heutige Wirtschaftsmensch (wie Anm. 4), 10.

Sacherfordernisse. Keller betonte dies, weil er der Ansicht war, dass die fortschreitende Rationalisierung genau dies infrage stelle, indem sie die Arbeit immer stumpfsinniger mache. Sie nehme, so klagte er, der Arbeit ihren Sinn und schädige damit zugleich die Seele des Arbeiters.[23]

Die zweite «Grundwahrheit», die Keller in seinem Vortrag hervorhob, ist die «Forderung *sozialer Gerechtigkeit*»[24]. Auch sie sah Keller durch die wirtschaftliche und soziale Lage seiner Zeit infrage gestellt, da viele Menschen unter Hunger und Not leiden würden. Wo dies der Fall sei, habe die Wirtschaft «ihre Aufgabe nicht verstanden» und da müsse das Christentum zur «Wirtschaftskritik» werden, «im Namen des Menschen und im Namen Gottes».[25]

Das dritte, von Keller hervorgehobene «Grundgesetz» ist der Gemeinschaftsgedanke. Auch er sei für das christliche Ethos von zentraler Bedeutung, während das Wirtschaftssystem geradezu darauf angelegt sei, Gemeinschaft zu zerstören:

> Die Wirtschaft bildet Gruppen, Aktiengesellschaften, wirtschaftliche Organisationen, Trusts. Der Profit bildet sie, aber das System als solches zerbricht die menschliche Gemeinschaft und teilt sie in ein immer grösser werdendes Proletariat und ein immer kleiner werdendes «Profitariat» [...]. Die dadurch desorganisierte Gesellschaft muss daher als untermenschlich und unterchristlich beurteilt werden.[26]

Die Aufgabe des Christentums besteht nun Keller zufolge eben darin, sich dieser Entwicklung zu widersetzen und sich stattdessen für eine neue «*Wirtschaftsgesinnung*»[27] einzusetzen, die vom Ideal der Gemeinschaft und vom Gedanken der Solidarität bestimmt ist: «Diese Gesinnung zu wecken und zu pflanzen ist die erste erzieherische Aufgabe des Christentums»,[28] erklärte Keller seinen Zuhörerinnen und Zuhörern – und nicht die Entwicklung und Verkündung eines konkreten sozialen Programms und auch nicht die Parteinahme für den Sozialismus oder den Kapitalismus.

---

23 Vgl. Keller, Das Christentum und der heutige Wirtschaftsmensch (wie Anm. 4), 12f.: «Die Seelenlosigkeit der Arbeit führt nicht nur zur Entchristlichung, sondern auch zur Entsittlichung und Entpersönlichung des Arbeiters. Das Christentum darf daher die Herrschaft eines unmenschlichen Sachprinzips nicht einfach hinnehmen, sondern muss den Schutz der Seele in der Arbeit verlangen, die Wahrung des Ebenbildes Gottes im Menschen, den Sinn der Arbeit selbst.»

24 Keller, Das Christentum und der heutige Wirtschaftsmensch (wie Anm. 4), 13.

25 Keller, Das Christentum und der heutige Wirtschaftsmensch (wie Anm. 4), 14.

26 Keller, Das Christentum und der heutige Wirtschaftsmensch (wie Anm. 4), 15.

27 Keller, Das Christentum und der heutige Wirtschaftsmensch (wie Anm. 4), 16.

28 Keller, Das Christentum und der heutige Wirtschaftsmensch (wie Anm. 4), 16.

Keller war sich freilich darüber im Klaren, dass die Kirche sich nicht damit begnügen kann, «Grundwahrheiten» wie diese einfach zu verkünden. Will sie wirklich etwas verändern, muss sie erklären können, wo diese Grundsätze allenfalls auf dem Spiel stehen. Denn, so Keller: «Erst am konkreten Problem und seiner Auswirkung wird auch die grundsätzliche Frage anschaulich und dringlich.»[29] Das aber bedeutet: Die Kirche muss wissen und analysieren, was in der Welt vor sich geht. Dieser Gedanke führt zur dritten Frage.

3 Wie soll und wie kann die Kirche diesen Auftrag erfüllen?

Vergleicht man den Vortrag von 1931 mit dem Aufsatz von 1926, so stellt man eine weitere, interessante Aktzentverschiebung fest, die genau diesen Punkt betrifft.

1926 hatte Keller die durch den Evangelisch-Sozialen Kongress und andere Institutionen geleistete theoretische Vorarbeit ausdrücklich gelobt und gemeint, die künftige Studienarbeit des Internationalen Sozialwissenschaftlichen Instituts könne sich im Wesentlichen darauf beschränken, jene im nationalen Kontext geleisteten theoretischen Vorarbeiten miteinander zu koordinieren.

Fünf Jahre später war er jedoch zu der Einsicht gelangt, dass das Christentum im Hinblick auf das Studium der wirtschaftlichen Realität noch vieles «nachzuholen»[30] habe. Aus diesem Grund, so erläuterte er, habe sich das vom ihm geleitete Sozialwissenschaftliche Institut in den vergangenen Jahren nicht nur mit grundsätzlichen Fragen, sondern auch mit konkreten Problemen wie dem der Arbeitslosigkeit befasst. An der Notwendigkeit solcher Studien zweifelte Keller nicht: «Auch das Christentum», erklärte er seinen Zuhörerinnen und Zuhörern, «muss die Tatsachen kennen, wenn es sie beurteilen und sich nicht einem billigen Dilettantismus ausliefern will.»[31]

Doch damit nicht genug. Die sozialwissenschaftlichen Analyse der wirtschaftlichen Fakten könne, so Keller weiter, nur der erste Schritt sein. Der notwendige zweite Schritt sei die «*Übersetzungsarbeit*»[32]. Dabei geht es nach Keller darum, die wirtschaftlichen Fragen in eine sozialethische und theologische Perspektive zu rücken und sie von dorther zu beleuchten.

29 Keller, Das Christentum und der heutige Wirtschaftsmensch (wie Anm. 4), 20.
30 Keller, Das Christentum und der heutige Wirtschaftsmensch (wie Anm. 4), 20.
31 Keller, Das Christentum und der heutige Wirtschaftsmensch (wie Anm. 4), 20.
32 Keller, Das Christentum und der heutige Wirtschaftsmensch (wie Anm. 4), 20.

Führt eine solche «Übersetzung» und Interpretation aber nicht unweigerlich dazu, dass Kirchen und kirchennahe Institutionen in konkreten Fragen Position beziehen? Keller wusste natürlich, dass er damit einen heiklen Punkt berührt: «Es ist gewiss nicht leicht», sagte er, «von der christlichen Botschaft, von einer Inspiration, von einer Gesinnung her auch die konkreten Forderungen zu formulieren, durch die die Gesinnung in einem bestimmten Gebiete wirksam wird.»[33]

Mehr noch: Keller war sich auch darüber im Klaren, dass jede konkrete Aussage leicht in den Verdacht der Parteinahme für ein bestimmtes sozialpolitisches Programm geraten kann. Dennoch ließ er keinen Zweifel daran, dass er Konkretionen dieser Art für notwendig und richtig hielt: «Hier kommt es auf die Kenntnis der Tatsachen und auf den Mut an, die Welt der Sachen von der Welt des Geistes her zu gestalten.»[34]

Bezogen auf die Frage, wie die Kirche ihren sozialethischen Auftrag erfüllen soll, bedeutet dies nicht anderes als: Die Kirche soll die wirtschaftlichen und sozialen Fragen und Probleme ihrer Zeit aus theologisch-sozialethischer Perspektive analysieren und zu ihnen Stellung beziehen.

Dreizehn Jahre später hat Keller diese Auffassung in einem vor dem Schweizerischen Pfarrverein gehaltenen Vortrag über «Die Stellungnahme der Kirche zu den politischen und sozialen Zeitfragen» bekräftigt und seine diesbezüglichen Überlegungen zugleich etwas vertieft.

Dabei unterschied er 1944 zunächst zwischen der innerkirchlichen Verkündigung und der nach außen gerichteten Kommunikation der Kirche – eine Unterscheidung, die seiner Ansicht nach nicht nur die Sprechweise[35]

33 Keller, Das Christentum und der heutige Wirtschaftsmensch (wie Anm. 4), 21.

34 Keller, Das Christentum und der heutige Wirtschaftsmensch (wie Anm. 4), 21.

35 Vgl. Keller, Die Stellungnahme der Kirche (wie Anm. 5), 84: «Gewiß, sie [die Kirche] hat auch hier keine andere Botschaft, aber sie wird sie in eine andere Sprache übersetzen, so wie höchste göttliche Weisheit in die menschliche Weisheit der Gleichnisse übersetzt wurde, oder die Theologie des Heidelberger Katechismus in das Verständnis der Kinder.» Dabei dachte Keller durchaus auch an die Übersetzung in eine säkulare Sprache, wie dies heute unter Berufung auf die Idee der öffentlichen Vernunft von Philosophen wie John Rawls, Jürgen Habermas und anderen gefordert wird: «Die Kirche muß verständlich, säkular, laienmäßig reden, wo sie Stellung nimmt zur Welt. Die Kirche muß die Kirchen- und Theologensprache, namentlich wo sie zu politisch-sozialen Fragen spricht, übersetzen in die Sprache der Welt, wenn sie verstanden werden will, so wie Jesus das Größte in Gleichnissen ausdrückte» (ebd., 88). Zur Idee öffentlicher Vernunft vgl. John Rawls: Politischer Liberalismus, Frankfurt a. M. 1998; ders.: Nochmals: Die Idee der öffentlichen Vernunft, in: ders.: Das Recht der Völker. Enthält: Nochmals: Die Idee der öffentlichen Vernunft, übers. v. Wilfried Hinsch, Berlin/New York 2002, 167–218, sowie Jürgen Habermas: Religion in der Öffentlichkeit. Kognitive Voraussetzungen für den «öffentlichen Vernunftgebrauch» religiöser und säkularer Bürger, in: ders.: Zwischen Naturalismus und Religion. Philosophische Aufsätze, Frankfurt a. M., 119–154.

betrifft, sondern interessanter Weise auch den Inhalt oder zumindest doch dessen Akzentuierung. Während nämlich die innerkirchliche Verkündigung den Gegensatz zwischen *civitas terrena* und *civitas dei* und damit die Kritik am weltlichen Geschehen hervorheben soll, steht für Keller nach außen hin die konstruktive Vermittlung dieser beiden Größen im Vordergrund.

Obwohl es das Thema der innerkirchlichen Verkündigung war, das die Organisatoren Keller «besonders nahe gelegt»[36] hatten, hielt er selber die andere Seite der Thematik offenbar für wichtiger oder dringlicher. Jedenfalls widmete er ihr wesentlich mehr Zeit und Aufmerksamkeit. Dabei ging es Keller darum, vor einem erneuten Rückzug der Kirche aus der Welt zu warnen.

Die Kirche, so beschwor er seine Zuhörerinnen und Zuhörer, sei «in die Welt hineingestellt», habe «ihre Aufgabe in dieser konkreten Welt um uns her» und müsse daher in «eine pädagogische, missionarische, apologetische, wissenschaftliche, praktische, ja politische Auseinandersetzung»[37] mit ihr eintreten. Dass es die Ethik ist, der hierbei eine wichtige Brückenfunktion zukommt, hatte Keller schon 1931 mit dem Stichwort «Übersetzung» angedeutet. 1944 machte er deutlicher, warum er dieser Ansicht war:

> Jedes einzelne politische oder soziale Problem ist auch ein ethisches Problem, hat mit den Grundfragen von Recht und Gerechtigkeit, Freiheit, Gemeinschaft, Persönlichkeit, mit den Existenzfragen des Geistes zu tun. Das Politische bekommt damit ein ethisches Gesicht. Die Kirche weiß aber dabei, daß das Ethos nicht eine autonome Macht des Geistes ist, nicht eine höchste Form der Weltvernunft. Sie weiß, daß die ethische Frage ernsthaft und in letzter Tiefe erst da aufbricht, wo nach dem Willen Gottes gefragt wird, wo seine Herrschaft und sein Reich in Jesus Christus aufgerichtet wird. Das ist ihr Kerygma.[38]

Weil es also in Politik und Wirtschaft immer auch um ethische Fragen geht, ethische Fragen aber aus christlicher Perspektive unter Rekurs auf Gottes Willen zu beantworten sind, deshalb kommt die Kirche nach Keller nicht umhin, sich mit wirtschaftlichen und politischen Fragen auseinanderzusetzen und in die entsprechenden öffentlichen Debatten einzuschalten.

Dass sie dies nicht leichtfertig tun darf und sich selber auf der einen Seite eine gewisse Zurückhaltung auferlegen muss, ohne auf der anderen dem Quietismus zu verfallen, steht für Keller weiterhin außer Frage. Einmal mehr betont er zudem, dass die Kirche über die erforderliche Sachkenntnis

36 Keller, Die Stellungnahme der Kirche (wie Anm. 5), 80.
37 Keller, Die Stellungnahme der Kirche (wie Anm. 5), 82.
38 Keller, Die Stellungnahme der Kirche (wie Anm. 5), 84.

verfügen muss sowie über ein hohes Maß an Verantwortungsbewusstsein und den notwendigen Sinn für die Realitäten.[39]

Die Kirche hat nach Keller also einen sozialethischen Auftrag und sie soll ihn kompetent, verantwortungsvoll und mit Realitätssinn erfüllen. Bleibt die Frage, auf welche Weise sie dies tun soll. Welcher Mittel kann und soll sie sich bedienen? Die Antwort auf diese Frage gibt Keller am Schluss seines Vortrages, indem er einige praktische Vorschläge aufzählt, von denen zum Teil bereits die Rede war: Verkündigung und Predigt, Studienarbeit und öffentliche Stellungnahmen zu konkreten Fragen lauten die ersten drei. Als vierten Punkt nennt er die Bildungsarbeit, wobei Keller hervorhebt, dass diese sich nicht nur innerhalb der Kirchgemeinden abspielen dürfe, sondern in die breitere Öffentlichkeit hineinwirken müsse. Kellers fünfter und letzter Hinweis schließlich ist auch deshalb interessant, weil er in jüngerer Zeit erneut ins kirchliche Bewusstsein getreten ist. Keller glaubte nämlich zu erkennen, dass es den protestantischen Kirchen deshalb an politischer Durchschlagskraft mangle, weil es ihr an einer «Elite christlicher Staatsmänner, Wirtschaftsführer, Akademiker, Arbeiterführer [fehlt], die das besorgen und die gleichsam die Brücke bilden können zwischen der Kirche und den betreffenden Gebieten».[40] Wolle man vermeiden, dass die Kirche «gleichsam nur in den kirchlichen Raum hinein»[41] spreche, so gelte es, hier unbedingt Abhilfe zu schaffen. – Ähnliches kann man heute von der Evangelischen Kirche in Deutschland hören, deren Rat von der Notwendigkeit einer «evangelischen Verantwortungselite«[42] spricht.

4 Fazit und Ausblick

Die Antworten, die ich bei Keller auf die eingangs von mir formulierten Fragen gefunden habe, lassen sich wie folgt zusammenfassen:

Erstens: Davon, *dass* die Kirche einen sozialethischen Auftrag hat, war Adolf Keller stets überzeugt. Auch glaubte er, in dieser Frage unbeschadet

39 Vgl. Keller, Die Stellungnahme der Kirche (wie Anm. 5), 86–91. Was er damit meinte, konkretisierte Keller in seinem Vortrag vor dem Schweizerischen Pfarrverein in drei Hinsichten, nämlich bezüglich der Stellung der Kirche zum Staat, zu wirtschaftlichen und sozialen Fragen sowie zur Völkergemeinschaft. Vgl. Keller, Die Stellungnahme der Kirche (wie Anm. 5), 91–104.

40 Keller, Die Stellungnahme der Kirche (wie Anm. 5), 106.

41 Keller, Die Stellungnahme der Kirche (wie Anm. 5), 106.

42 Vgl. Kirchenamt der Evangelischen Kirche in Deutschland (Hg.): Evangelische Verantwortungseliten. Eine Orientierung (EKD Texte 112), Hannover 2011.

aller im Einzelnen bestehenden Differenzen so etwas wie einen theologischen und ökumenischen Konsens feststellen zu können.

Zweitens: Keller war der Ansicht, dass die Kirche diesen ihren sozialethischen Auftrag missverstehen würde, sollte sie sich für ein bestimmtes sozial- oder wirtschaftspolitisches Programm einsetzen. Denn über ein solches Programm verfügt sie seines Erachtens nicht. Auch die Parteinahme für eine bestimmte politische Partei oder Richtung kam für ihn, anders als etwa für Leonhard Ragaz, nicht infrage. Stattdessen soll die Kirche seiner Auffassung nach für bestimmte Grundsätze eintreten, die dem christlichen Ethos inhärent sind. Dazu zählte Keller die Orientierung an dem, was Arthur Rich später das «Menschengerechte» genannt hat,[43] sowie die soziale Gerechtigkeit und den Gemeinschaftsgedanken.

Drittens: Keller war der Überzeugung, dass sich das Engagement der Kirche für diese Grundsätze nicht auf wohlfeile Sonntagsreden beschränken darf. Trotz der damit verbundenen Schwierigkeiten soll sie sich nicht nur theoretisch und allgemein, sondern durchaus praktisch und konkret für die als richtig erkannten Grundsätze stark machen, indem sie soziale, wirtschaftliche und politische Probleme aus der Perspektive theologischer Sozialethik beleuchtet. Dass sie nicht ohne Weiteres über die hierfür erforderlich sozialwissenschaftliche und sozialethische Kompetenz verfügt, sondern entsprechender Expertise bedarf, hat Keller im Laufe seiner kirchlichen und ökumenischen Arbeit erkennen müssen.

Vergleicht man Kellers Position und seine Überlegungen zur sozialethischen Aufgabe der Kirche mit unserer heutigen Situation, so fällt meines Erachtens nicht zuletzt zweierlei auf:

Erstens: Während Kellers Äußerungen von einer sozialethischem Aufbruchsstimmung geprägt sind, scheinen heute in dieser Hinsicht Ernüchterung und Resignation vorzuherrschen. Glaubte Keller 1926 konstatieren zu dürfen, «daß die christliche Verkündigung […] nicht nur Trost und Seligkeit der einzelnen Seele im Auge hat»,[44] so lässt sich knapp neunzig Jahre später in unseren Kirchen eine Tendenz zur Konzentration auf das vermeintliche fromme Kerngeschäft beobachten. Dass es für diese Tendenz durchaus Gründe gibt, bestreite ich nicht. Dazu gehört der Umstand, dass Frömmigkeit und Spiritualität in den reformierten Kirchen in der Vergangenheit ein eher stiefmütterliches Dasein geführt haben, dazu gehören die knapper werdenden finanziellen Ressourcen; dazu gehört schließlich auch die Erkenntnis, dass Einigkeit in moralischen Fragen auch unter Christinnen und Christen eine prekäres Gut ist. Dennoch wäre es meines Erachtens fatal, wenn die Kirchen

43 Vgl. Rich, Wirtschaftsethik (wie Anm. 1), 81.
44 Keller, Die soziale Erneuerung (wie Anm. 3), 1.

sich heute aus dem Bereich der Ethik verabschieden würden, und zwar aus einem ganz einfachen Grund: Der christliche Glaube hat es nicht nur mit sich selber zu tun, sondern immer auch mit dem Nächsten (Mk 12, 28–34 parr.). Schon deshalb verbietet sich für die Kirche der Rückzug ins fromme Reduit, von dem Keller glaubte, er gehöre der Vergangenheit an.

Ein zweiter Punkt, der beim Vergleich zwischen damals und heute auffällt, bezieht sich nicht auf eine Differenz, sondern auf eine Übereinstimmung. Unbeschadet aller faktisch vorhandenen theologischen Uneinigkeiten ging Keller nämlich offenbar, genau wie dies heute häufig der Fall ist, von der Vorstellung aus, es gäbe aus christlicher Sicht zu moralischen Streitfragen genau eine richtige Sichtweise, die es zu finden gilt und die zur öffentlichen Geltung zu bringen die Aufgabe der Kirche ist. Ich halte dies für ein Missverständnis. Denn auch wenn man mit Keller annimmt, dass es gewisse Grundsätze gibt, die dem christlichen Ethos inhärent sind, so ist damit doch noch nicht über die Interpretation und Gewichtung dieser Grundsätze in den konkreten moralischen Streitfragen entschieden. Tatsächlich können Christinnen und Christen nämlich in solchen Fragen legitimerweise durchaus unterschiedlicher Auffassung sein, auch wenn sie sich über gewisse Grundsätze einig sein mögen. Auch wenn dies schmerzlich ist: Dies anzuerkennen scheint mir auch im Sinne Kellers wichtig zu sein, weil die Fixierung auf eine vermeintlich notwendige Einigkeit in moralischen Fragen leicht in die Resignation und damit zugleich dazu führen kann, dass die Kirche ihrer sozialethischen Aufgabe gerade nicht gerecht wird.

Harald Matern

Ekklesiologie und Politik bei Adolf Keller

1 Einleitung

Adolf Keller war ein zutiefst moderner Theologe. Seine im Laufe seines Lebens häufig wechselnden Aufenthalts- und Lebensorte sowie seine diversen Tätigkeiten mögen das Ihre dazu beigetragen haben. Kellers Modernität spiegelt sich aber nicht allein in seiner kosmopolitischen Haltung und seinen zahlreichen Bemühungen um weltweite kirchliche Zusammenarbeit. Sie findet ihren Widerhall auch in seinen theologischen Publikationen.

Ich möchte im Folgenden diesem Gedanken nachgehen und dabei die These stark machen, dass Keller nicht allein als unermüdlicher ökumenischer Praktiker und als Motor der Ausbreitung der dialektischen Theologie in den USA in Erinnerung bleiben sollte. Vielmehr besitzt auch seine eigene systematisch-theologische Gedankenbildung nicht nur Originalität und Kreativität, sondern auch einiges anregendes Potenzial für die gegenwärtige Systematische Theologie.

Die Präsentation Adolf Kellers als *moderner* Theologe soll im Folgenden anhand seiner Einschätzung der politischen Situation Europas in den 1930er Jahren und seiner theologischen Reaktion darauf erfolgen (3). Um diese zu verstehen, ist es hilfreich, die Formierung der Grundgedanken Kellers in der Entwicklung seiner theologischen Biographie zu rekonstruieren und dabei auch seinen Ort in der theologischen Gemengelage seiner Zeit genauer zu bestimmen (2). Ein abschließendes Resümee erlaubt es, auch einige Thesen zur Aktualität der Theologie Adolf Kellers zu formulieren (4).

2 Grundgedanken Kellers

Kellers biographische und theologische Entwicklung ist gut und ausführlich dokumentiert.[1] Im Folgenden soll im Durchgang durch Biographie und einige seiner vielfältigen Publikationen ein Rekonstruktionsversuch der Kernpunkte seiner Ekklesiologie unternommen werden. Diese stellt den Ort seiner systematisch-theologischen Aufarbeitung politisch-ethischer Fraugen dar. Es wird sich zeigen, dass Adolf Kellers Ekklesiologie nicht uneingeschränkt als Grundlage oder *Voraussetzung* seines Wirkens zu betrachten ist, sondern zugleich als *Resultat* seines (kirchen-)politischen Engagements. Sie zeigt damit besonders prägnant die Verschränkung von persönlichem Engagement und theologischer Reflexion.

Nach Kellers Selbsteinschätzung übten während seines Studiums insbesondere Adolf von Harnack, Adolf Schlatter und Julius Kaftan Einfluss auf ihn aus.[2] In dieser Auflistung spiegeln sich Kellers Interessen, die zugleich systematisch-historischer, biblischer und ethischer Natur waren. Hinzu kamen, nach Abschluss des Studiums und während der Zeit in Kairo und später in Genf, der Einfluss Albert Schweitzers, der ebenfalls besonderes Augenmerk auf die konkreten moralischen Auswirkungen religiöser Praxis legte, sowie auch ein beginnendes Interesse an tiefenpsychologischen Fragen, was wiederum mit Kellers theologischen Präferenzen harmonierte.[3]

Adolf Kellers theologisches Interesse formierte sich damit früh als eine *Theologie der Praxis*, die nicht nur darauf zielte, individuelle und kollektive Erfahrungen auf den Begriff zu bringen, sondern die gleiche Aufmerksamkeit der gelebten Frömmigkeit widmete, die er immer auch in Verbindung mit einer an körperlicher und insbesondere seelischer Gesundheit interessierten, moralisch integren Lebensführung sah. Der institutionelle Ort dieser Praxis ist für Keller primär die *Kirche*. Diese wiederum hat als Akteurin im Rahmen einer gesellschaftlichen Öffentlichkeit ihren festen Ort – und sie soll durchaus zur politischen Meinungsbildung beitragen.

---

1 Die überaus materialreiche Arbeit Marianne Jehle-Wildbergers (Adolf Keller [1872–1963]. Pionier der ökumenischen Bewegung, Zürich 2008) ist daher für alle Aussagen zu Biographie und Werkgeschichte Kellers als vorausgesetzt zu betrachten.

2 Vgl. Jehle-Wildberger, Adolf Keller (wie Anm. 1), 30–45.

3 Auch wenn Julius Kaftan das Etikett der «Psychologie» von sich gewiesen hätte, kann die methodische Nähe einer Theologie, die die Orientierungsleistungen menschlicher Welt- und Selbstdeutung zum Ausgangspunkt der Rekonstruktion des dogmatischen Stoffs nimmt, zur Tiefenpsychologie kaum verleugnet werden. Beide kongruieren unter anderem inhaltlich in ihrer Suche nach den motivationalen Grundlagen menschlichen Handelns und methodisch im Rückgriff auf die menschliche Introspektion.

Es ist spezifisch dieser Punkt, der es erlaubt, Kellers Position im zeitgenössischen deutschsprachigen Protestantismus (insbesondere der Schweiz) in einer ersten Hinsicht genauer zu bestimmen.

2.1 Der Völkerbund – und die Kirchen als Weltgewissen

Exemplarisch lässt sich die Auseinandersetzung um Möglichkeiten und Grenzen politischen Engagements «der Christen» bzw. «der Kirche» anhand der Positionierung unterschiedlicher Theologen zum Völkerbund darstellen. Hatte der Ausbruch des Ersten Weltkriegs insbesondere das *kritische* Bewusstsein vieler Theologen geweckt, so stellte der Umgang mit dessen Folgen unmittelbar das *konstruktive* Potenzial der Kirchen auf die Probe. Dabei war es für die deutschsprachigen Schweizer Protestanten keineswegs selbstverständlich, eine Perspektive einzunehmen, die auf einen internationalen Interessensausgleich zielte – hatte doch der Erste Weltkrieg, ungeachtet der Neutralität der Schweizer, zu starken internen Spannungen entlang der Sprachgrenzen geführt.[4]

Die Frage nach der Stellung zum Völkerbund korrelierte in theologischen Kreisen meistenteils mit der Haltung gegenüber den USA, und zwar sowohl in kultureller als in politischer Hinsicht. Dies ist kaum erstaunlich, konnte doch der Völkerbund durchaus als Resultat der Durchsetzung des von US-Präsident Wilson im Januar 1918 formulierten 14-Punkte-Programms verstanden werden, das wesentlich in die Pariser Vorortverträge von 1919 einfloss, die auch die Satzung des Völkerbunds enthielten – und festschrieben.[5] Ein Votum für den Völkerbund konnte daher durchaus auch als unkritische Befürwortung US-amerikanischer Werte oder Ideale verstanden werden.

Leonhard Ragaz, Professor in Zürich und Protagonist der religiös-sozialen Bewegung in der Schweiz sowie Präsident der Schweizerischen Zentralstelle für Friedensarbeit, setzte sich nicht nur für die internationale Sozialdemokratie ein, sondern war (gegen Teile der Sozialdemokratie) auch ein überzeugter Verfechter der Idee des Völkerbundes. Diese Überzeugung ging so weit, dass er sich mit seinem «Schüler» Emil Brunner über die Frage der Stellung zu Woodrow Wilson überwarf.[6]

Emil Brunner, jener Tage Pfarrer in Obstalden, suchte den Anschluss an die dialektische Theologie um Karl Barth und Eduard Thurneysen und vertrat schon vor diesem Hintergrund eine Position, die zwar ein politisches

4 Vgl. Thomas Maissen: Geschichte der Schweiz, Baden 2010, 240–248; Jehle-Wildberger, Adolf Keller (wie Anm. 1), 101–109.

5 Vgl. zur Geschichte und Vorgeschichte des Völkerbunds u. a. Frederick S. Northedge: The League of Nations. Its Life and Times 1920–1946, New York 1986.

6 Vgl. Frank Jehle: Emil Brunner. Theologe im 20. Jahrhundert, Zürich 2006, 154–157.

Engagement der Kirchen nicht ausschloss, dabei aber zugleich eine gesellschaftskritische Spitze hatte. Insbesondere ein durch Leonhard Ragaz vermittelter Forschungsaufenthalt am *Union Theological Seminary* (das, als Resultat der Dialogbemühungen Adolf Kellers, ein Stipendium für einen Schweizer Nachwuchstheologen ausgeschrieben hatte)[7] konnte ihm überdies einen Einblick in die sozialen Probleme der USA vermitteln, der einen einfachen Pro-Amerikanismus ausschloss. Seine ambivalenten Eindrücke führte er nach seiner Rückkehr 1920 (während des Beitritts der Schweiz zum Völkerbund «unter Vorbehalt» hielt sich Brunner in New York auf) in zahlreichen Artikeln für das *Kirchenblatt für die reformierte Schweiz* und die sozialistische Wochenzeitung *Der Aufbau* in einer populären Form aus. Brunner bezog darin unter anderem dezidiert Stellung gegen die Schweizer «Ethiker und Reichgottespolitiker»[8] – lobte aber zugleich das soziale Engagement der amerikanischen Christen, das er etwas ironisch selbst als «Reichgottesarbeit»[9] bezeichnen konnte. Wenn politisches Engagement religiös legitim sein sollte, musste es sich als Hinwendung zu Arbeitern und Bauern verstehen und damit auch eine Kritik am Kapitalismus einschließen. Diese sollte nach Brunner durchaus eine praktische Dimension haben und durfte sich nicht in Predigten erschöpfen, die das unmittelbare Erleben des Wirkens Gottes in den Vordergrund stellten, wie es bei Hermann Kutter der Fall war, der zugleich (unter scharfer Trennung von Religion und Politik) in der Sozialdemokratie die Erfüllung der göttlichen Verheißungen realisiert sehen konnte.[10] Ähnlich muss die Position Brunners gegenüber Karl Barth bestimmt werden.

Dessen Einstellung zum Völkerbund als einer Vereinigung der «Siegermächte» war eine negative.[11] In seinem *Römerbrief* hatte Barth «Pazifismus und Sozialdemokratie» gleichermaßen als Extrapolationen menschlicher Selbstherrlichkeit beschrieben, die im Blick auf das Reich Gottes keinerlei unmittelbare «Hilfe» bringen könnten.[12] Und in einer Predigt vom 23. November 1919, unmittelbar nach dem Parlamentsbeschluss vom 21. November, der den Beitritt der Schweiz zum Völkerbund unter Vorbehalt vorsah, hatte Barth diesen als «Schlaftrunk» bezeichnet – und als «Lüge, Ersatz-Leben,

7 Vgl. Jehle, Emil Brunner (wie Anm. 6), 123.
8 Zitiert nach Jehle, Emil Brunner (wie Anm. 6), 148.
9 Vgl. Jehle, Emil Brunner (wie Anm. 6), 147.
10 Vgl. Hermann Kutter: Sie müssen! Ein offenes Wort an die christliche Gesellschaft, Zürich 1903.
11 Vgl. auch Eberhard Busch: Meine Zeit mit Karl Barth. Tagebuch 1965–1968, Göttingen 2011, 499.
12 Vgl. Karl Barth: Der Römerbrief (1919) (GA II.16), Zürich 1985, 42.

Flucht vor der Wirklichkeit».[13] Barths damalige Abwendung von einer *direkten* theologischen Begründung christlichen politischen Engagements schlug sich, im Blick auf den Völkerbund, bereits in seinem Vortrag vor der Christlichen Studenten-Vereinigung (CSV) über *Christliches Leben* vom 9. Juni 1919 nieder. Auch «Präs[ident] *Wilson*»[14] habe in seinem Engagement von dem «Standort» auszugehen, dass «Jesus lebt»[15] und insofern die grundlegende theologische Äußerung zur Politik nur von «der größern überlegenen M[acht] G[otte]s» zu zeugen habe: «Das R[eich] G[ottes] triumphiert über die Weltreiche.»[16] Subjekt dieses Triumphs sei aber keinesfalls der Mensch. Gerade das Engagement für den Völkerbund verstand Barth in seiner Rede zur Novemberfeier des Grütlivereins in Suhr vom 29. November 1919 denn auch als «Imperialismus»[17] – und damit als Fortsetzung derjenigen einlinig religiös begründeten Form von Politik, die mit zum Ausbruch des Ersten Weltkriegs geführt habe: «Und nun ist der Krieg vorbei, und wieder kommen sie und haben so unsäglich recht und gründen ihren Völkerbund für Freiheit, Gerechtigkeit, Demokratie und wie das alles heißt.»[18]

Ein *religiös* begründetes politisches Engagement (und als solches galt Barth zu dieser Zeit durchaus noch «der Sozialismus») müsse vielmehr gerade in dem Bewusstsein stattfinden, «nicht recht [zu] haben», d. h. in dem Verweis auf die spezifischen Begründungs- und Formulierungsschwierigkeiten der eigenen Position von dieser selbst aus: «Wer das Unrecht in sich hat, kann nicht recht haben, und wenn er noch so gern wollte»[19]. «Denn wir *meinen* ja eigentlich gar nicht das, was in den Forderungen unseres Programmes steht, wir meinen viel mehr als das.»[20] Und «das», nämlich der «neue Mensch», ist «schon da, aber verborgen, verschüttet, gefangen in uns allen».[21] Im Blick auf die Möglichkeit einer direkten religiösen bzw. theologischen Begründung von Ethik sollte sich Barths Position im Laufe seines Lebens nicht mehr grundlegend verändern, ein Aspekt, der ihn vom Realpragmatiker Keller bleibend unterschied.

---

13 Karl Barth: Predigt zu Psalm 139,7–12 vom 23. November 1919, in: ders.: Predigten 1919 (GA I.39), Zürich 2003, 400.

14 Karl Barth: Christliches Leben. Aarburg CSV 9. VI. 19, in: ders.: Vorträge und kleinere Arbeiten 1914–1921 (GA III.48), Zürich 2012, 503–513, 504.

15 Barth, Christliches Leben (wie Anm. 14), 503.

16 Barth, Christliches Leben (wie Anm. 14), 504.

17 Karl Barth: Vom Rechthaben und Unrechthaben 1919, in: ders.: Vorträge und kleinere Arbeiten 1914–1921 (wie Anm. 14), 599–621, 609.

18 Barth, Vom Rechthaben und Unrechthaben (wie Anm. 17), 608.

19 Barth, Vom Rechthaben und Unrechthaben (wie Anm. 17), 606.

20 Barth, Vom Rechthaben und Unrechthaben (wie Anm. 17), 612.

21 Barth, Vom Rechthaben und Unrechthaben (wie Anm. 17), 613.

Adolf Keller war während des Ersten Weltkriegs nicht nur für den internen Zusammenhalt der Schweiz (unter Vorgabe der Beibehaltung der Neutralität) eingetreten, sondern hatte auch für eine differenzierte Wahrnehmung der außenpolitischen Situation geworben.[22] Im Rahmen Europas sah Keller die Schweiz gerade aufgrund ihrer sprachlichen und kulturellen Pluralität in einer Vorreiterrolle, die auch die Vermittlung zwischen den Interessen Deutschlands und Frankreichs einschloss. Zudem hatten Kellers Reisen nach Großbritannien (1918) und in die USA (1919) ihm ein vertieftes Verständnis für die kulturellen Eigenwerte unterschiedlicher Kontexte vermittelt. Keller reiste im Mai 1919 als Vertreter der Schweizerischen Kirchenkonferenz an die Versammlung des *Federal Council of Churches* der USA. Dort hörte er eine Rede Woodrow Wilsons, die ihm einen tiefen Eindruck hinterließ – und zwar nicht in erster Linie aus ideologischen oder theologischen, sondern aus *pragmatischen* Gründen.

Kellers Vorstellung von internationaler Zusammenarbeit hatte durchaus eine politische Dimension. Die Aufgabe des Theologen bestand aber vornehmlich darin, den internationalen kirchlichen Dialog zu fördern – und zwar explizit im Blick auf die *institutionellen* Kirchen als Akteurinnen –, um nicht zuletzt eine bessere Koordination der kirchlichen Hilfsarbeiten gewährleisten zu können. Gleichwohl steht auch ein politisch-theologisches Fernziel im Hintergrund: die Herstellung einer – dem vom Keller politisch interpretierten endzeitlichen Reich Gottes wenigstens in ihrer Grundstruktur entsprechenden – internationalen Verständigung und Versöhnung.

Kellers politisch-praktisches Anliegen dominierte auch seine ekklesiologischen Grundgedanken. Dem entspricht eine eher politisch-soziologische und funktionale denn dogmatische Perspektive auf Christentum und Kirche. Ganz auf der Linie der *religion civile* Jean-Jacques Rousseaus,[23] allerdings übertragen auf die Ebene internationaler Politik, führt Keller in dem 1919 im Druck erschienenen Vortrag *Der Völkerbund und die Kirchen*, dem unmittelbaren Niederschlag des Eindrucks der USA-Reise, aus, dass ein Bund der Nationen nicht ohne eine «ideale geistige Unterlage» zu denken sei. Für diese Rolle komme nur die Religion in Frage, denn allein sie könne die «tiefere[n] Kräfte in der Seele und im Willen der Völker»[24] mobilisieren, die für eine dauerhafte intrinsische Bindung an vertragsrechtliche Vereinbarungen notwendig sei, insbesondere «ein Verpflichtungs- und Verantwortungsgefühl»[25]: «Der Völkerbund wird damit aus einer politischen und rechtlichen

22 Vgl. Jehle-Wildberger, Adolf Keller (wie Anm. 1), 105f.

23 Jean-Jacques Rousseau: Du Contrat Social ou Principies du Droit Politique, Amsterdam 1762, 4. Buch, 8. Kapitel.

24 Adolf Keller: Der Völkerbund und die Kirchen, Zürich 1919, 3.

25 Keller, Der Völkerbund und die Kirchen (wie Anm. 24), 4.

zu einer seelischen, einer moralischen, ja einer religiösen Angelegenheit des Menschengeschlechtes.»[26] Damit ist die Rolle der Kirchen vorgezeichnet. Denn allein sie verfügen über die institutionelle und internationale Infrastruktur, die für die von Keller projektierte internationale psychisch-moralisch-religiöse «Erziehung des Menschengeschlechts» vonnöten wäre. Allerdings stellt sich, wiederum aus praktischen (hier die Koordination der «Organisation dieses gemeinsamen geistigen Lebens»[27] betreffenden) Gründen, die Frage nach der Einheit insbesondere der protestantischen Kirchen. Für Keller steht fest, dass diese nicht in erster Linie auf dem Gebiet theologischer Kontroversen oder kirchenrechtlicher Regulierungen zu finden sei, sondern dort, wo die Einheit einer «moralischen Gesinnung»[28] und die «Einheit des Ziel[s]»[29] die Möglichkeit einer gemeinsamen Praxis eröffnen. Inhaltlich soll diese begründet werden durch den Rückgriff auf die «Botschaft der Liebe»,[30] die Keller als Kern der Predigt Jesu identifiziert.

Vor diesem Hintergrund ist es keinesfalls eine Schrulle, wenn Woodrow Wilson in Kellers Rede im Gewand eines Propheten auftritt – denn er stellt geradezu das zeitgenössische Pendant zur «Person des Erlösers» dar, die keinesfalls als «Christus der alten Formeln», sondern vielmehr als Motivation spendendes Vorbild und damit als «Symbol» verstanden werden soll.[31] Der Völkerbund ist damit das säkulare Pendant zu Jesu «Verkündigung des Reiches Gottes»,[32] und «[d]ie Sozialisten»[33] sind in ihrem öffentlichen politischen Engagement ein Vorbild für die christlichen Kirchen.

Entgegen allen kritischen Invektiven insbesondere Karl Barths gegenüber der Formulierung eindeutiger ethischer Zielvorstellungen hält Keller am politisch-ethischen Auftrag der Kirchen fest. «[I]n aller Ungewissheit der Gegenwart über das, was werden will, können wir doch dessen gewiss sein, dass eine Gemeinschaft der Liebe unter den Völkern in der Richtung des klar erkannten Gotteswillens liegt.»[34] Es mag daran liegen, dass Keller seine leitenden Grundgedanken außerhalb der akademischen Theologie und im Blick auf die internationale kirchliche und politische Praxis formuliert, dass er die fundamentalen erkenntniskritischen Vorbehalte (auch gegenüber der Psychologie) «der» Dialektiker, die insgesamt die theologische Debattenland-

26 Keller, Der Völkerbund und die Kirchen (wie Anm. 24), 4.
27 Keller, Der Völkerbund und die Kirchen (wie Anm. 24), 4.
28 Keller, Der Völkerbund und die Kirchen (wie Anm. 24), 6.
29 Im Original: «Einheit des Ziele», Keller, Der Völkerbund und die Kirchen (wie Anm. 24), 7.
30 Keller, Der Völkerbund und die Kirchen (wie Anm. . 24), 6.
31 Keller, Der Völkerbund und die Kirchen (wie Anm. 24), 6.
32 Keller, Der Völkerbund und die Kirchen (wie Anm. 24), 8.
33 Keller, Der Völkerbund und die Kirchen (wie Anm. 24), 8.
34 Keller, Der Völkerbund und die Kirchen (wie Anm. 24), 9.

schaft im zeitgenössischen deutschsprachigen Protestantismus prägte, nicht teilte bzw. die Diskussion gar nicht suchte. Jedenfalls ist es die Preisgabe dieser akademischen Komplexität und Differenziertheit, die es Keller erlaubt, auf der Grundlage eines (vermuteten) Minimal*konsenses* sehr eindeutige (kirchen-)politische Ziele zu formulieren. Die Einheit der Kirche(n) besteht in ihrer Funktion und ihrem Ziel. «Die Kirchen wissen heute ihre Aufgabe unter den Völkern.» [35] Und zur Erfüllung dieser Aufgabe, so Kellers Überzeugung, sind infrastrukturelle Neuerungen vonnöten. Analog zum Völkerbund und nach dem Vorbild des US-amerikanischen *Federal Council of Churches* muss ein Zusammenschluss der protestantischen Kirchen erfolgen.

> Man braucht heute die gesammelte Macht der reinsten und höchsten Gemütskräfte der christlichen Kirchen [...] als Gegenwirkung gegen den Siegesrausch, der einen Völkerbund wieder auf das Machtprinzip stellen möchte, gegen einen engbrüstigen Nationalismus, der die Türe zum Völkerbund nicht allen gleich weit auftun möchte [...].[36]

Das heißt mit anderen Worten auch, dass letztlich der Völkerbund der Kirchen bedarf. Die Funktion der Kirche besteht spezifisch in der *Ergänzung und Korrektur der Politik* durch «die Mächte des Geistes und der Liebe»[37] und zwar als «Gewissen [...] des Staates» bzw. auch, als «Weltgewissen»[38],das beständig die «Menschheitsidee» als ideales wie geistliches Substrat der internationalen politischen Bemühungen in Erinnerung rufe.

Die Religion dient, so mag man Kellers Position zu jener Zeit zusammenfassen, zur Ergänzung und Begründung der Ethik (nur) einer solchen Politik, deren Ziele mit denen des Christentums strukturanalog sind. Anders als bei dem bis 1922 in Marburg lehrenden Wilhelm Herrmann findet diese Begründungs- und Motivationsleistung aber nicht in erster Linie innerhalb des einzelnen Menschen statt.[39] Im Fokus steht für Keller vielmehr die Kirche

35 Keller, Der Völkerbund und die Kirchen (wie Anm. 24), 10.

36 Keller, Der Völkerbund und die Kirchen (wie Anm. 24), 13.

37 Keller, Der Völkerbund und die Kirchen (wie Anm. 24), 13.

38 Keller, Der Völkerbund und die Kirchen (wie Anm. 24), 14. Mit dem Begriff «Weltgewissen» bezieht Keller sich auf Friedrich Wilhelm Förster: Weltpolitik und Weltgewissen, München 1919. Der Pazifist und Föderalist Förster stand ebenfalls dem Gedanken des Völkerbundes nahe.

39 Wilhelm Herrmann bezeichnete die Sittlichkeit als «Weg zur Religion», durch welche allererst ein biographisch konstantes und motivational gegen Misserfolge gefeites moralisches Verhalten des Individuums möglich werde. Seit der fünften Auflage (1913) enthält sein Lehrbuch der Ethik als § 18 einen Abschnitt des Titels «Sittlichkeit und Religion», der sich ausführlich mit diesem Zusammenhang auseinandersetzt, vgl. Wilhelm Herrmann: Ethik [1901] (Grundriss der Theologischen Wissenschaften 5/2), 6. Aufl., Tübingen, 1921.

als kollektives Handlungssubjekt und Akteurin auf der Bühne der internationalen Politik. Dort hat sie eine spezifische Position zu vertreten und eine spezifisch «geistige» Leistung zu erbringen, die von keinem anderen Akteur übernommen werden kann. Religion, d. h. in diesem Fall das Christentum, fungiert als kollektives «Gewissen». Institutionelle Kirchlichkeit ist die Form, in der dieses Gestalt gewinnt.

Der Verweis auf Wilhelm Herrmann und der Begriff des Gewissens weisen beide über die Grenze nach Deutschland. Hier spielten um 1920 in der lutherischen Theologie ganz ähnliche Themen eine Rolle wie in der schweizer Debatte. Ein Blick auf diese Diskussion mag die Profilierung der Position Adolf Kellers abrunden.

Dabei darf die deutsche lutherische Theologie nicht als repräsentativ für die zeitgenössische deutsche Theologie insgesamt gesetzt werden.[40] Insbesondere Paul Tillich,[41] zu jener Zeit Privatdozent in Berlin, versuchte die Leidenschaft für den deutschen Idealismus (die insgesamt als typisches Merkmal sehr unterschiedlicher deutscher Theologen um 1920 gelten darf) mit der politischen Positionierung für den religiösen Sozialismus zu verbinden. Seine erste Vorlesung in Berlin (Sommersemester 1919) trug den Titel *Das Christentum und die Gesellschaftsprobleme der Gegenwart*. Neben diesen Fragen standen Untersuchungen zu Begründungsproblemen der Religionsphilosophie und nach dem religiösen Gehalt der Kultur.[42] Religion erhält hier insbesondere die Bedeutung, das Bewusstsein der «Entfremdung» des Menschen vom Grund seines Seins einzuschärfen – und zu beheben. Korrelat dieser existenziellen ist die politisch-materielle Entfremdung des Proletariats von den Produkten seiner Arbeit. Das Ziel der Religion, die Überwindung der Diastase von weltlicher und religiöser Kultur, ist mithin auch ein vermittelt politisches. Zentralbegriff beider Aspekte des Programms Tillichs ist, wenig überraschend, das «Reich Gottes».

Ebenfalls zunächst in der Nähe des religiösen Sozialismus bewegte sich der deutsche Lutheraner Friedrich Gogarten.[43] Gogarten war 1912, nach Abschluss seines zweiten Theologischen Examens, eigens wegen Leonhard

40 Für einen differenzierten Überblick vgl. Friedrich Wilhelm Graf: Einleitung. Protestantische Universitätstheologie in der Weimarer Republik, in: ders.: Der heilige Zeitgeist. Studien zur Ideengeschichte der protestantischen Theologie in der Weimarer Republik, Tübingen 2011, 1–110.

41 Zur Biographie Tillichs vgl. Werner Schüssler: Paul Tillich, München 1997.

42 Vgl. Paul Tillich: Über die Idee einer Theologie der Kultur, Vortrag vor der deutschen Kant-Gesellschaft vom 16. April 1919, in: ders.: Frühe Werke (GW 9), Berlin 2013, 13–31.

43 Zu Gogarten vgl. Friedrich Wilhelm Graf: Friedrich Gogartens Deutung der Moderne. Ein theologiegeschichtlicher Rückblick, in: ders., Der heilige Zeitgeist (wie Anm. 40), 265–328.

Ragaz und Hermann Kutter nach Zürich gereist und beschäftigte sich in den Folgejahren intensiv mit dem religiösen Sozialismus.[44] Gleichwohl entfernte er sich von dessen Promulgierung des Proletariats als Subjekt der Durchsetzung einer neuen Ordnung der Menschheit und machte sich auf die Suche nach einer anderen Lösung. Denn, so viel schien Gogarten deutlich, die bürgerliche Gesellschaft habe abgedankt; allerdings zeigten nicht nur der unerwartete Ausgang der Russischen Revolution sowie das Scheitern der Idee der Räterepublik im deutschen November 1918 mitsamt der gewaltsamen Niederschlagung des Spartakusaufstands im Januar 1919, dass ganz offenkundig auch «der» Sozialismus wie auch «das» Proletariat seine Schattenseiten hatten und nicht unmittelbar als Subjekt der Heraufführung einer neuen, auch religiös legitimen Ordnung verstanden werden konnte.

Gerade deswegen aber, so Gogarten, war der religiöse Mensch zu einer «Entscheidung» aufgerufen, die für oder wider die im Zerfall begriffene moderne Kultur ausfallen musste.[45] Dies hatte nicht nur Konsequenzen für Gogartens Verständnis der Kirche[46] – sondern auch für die Aufnahme explizit theologischer Überlegungen zu «Religion und Volkstum», die nicht das Proletariat oder die Kirche, sondern das «Deutschtum» in die Position zwar nicht des direkten Werkzeugs Gottes einrückt, wohl aber in diejenige eines Kontextes des frommen Individuums, der gleichfalls als «geheiligt durch und durch»[47] zu gelten habe. Dabei war der Volksgedanke in seiner religiösen Bedeutung Gogarten nicht erst nach dem Ende des Ersten Weltkriegs aufgegangen, sondern resultiert vielmehr aus seiner Auseinandersetzung mit der Philosophie Johann Gottlieb Fichtes und schlägt sich dergestalt schon in früheren Werken nieder.[48]

44 Vgl. Graf, Friedrich Gogartens Deutung der Moderne (wie Anm. 43), 275. Zu Gogartens Stellung in der Gruppe der dialektischen Theologen vgl. Christof Gestrich: Neuzeitliches Denken und die Spaltung der dialektischen Theologie. Zur Frage der natürlichen Theologie, Tübingen 1977.

45 Vgl. Friedrich Gogarten: Die religiöse Entscheidung, Jena 1921. Vgl. ders.: Die Entscheidung, in: Zwischen den Zeiten 1 (1923), Heft 2, 33–47.

46 Vgl. Friedrich Gogarten: Die Kirche, in: Der Leuchter. Weltanschauung und Lebensgestaltung der Schule der Weisheit, hg. v. Graf Hermann Keyserling, Bd. 2, Darmstadt 1920, 155–172.

47 Friedrich Gogarten: Religion und Volkstum, in: ders.: Die religiöse Entscheidung (wie Anm. 45), 12–31.

48 Vgl. Friedrich Gogarten: Fichte als religiöser Denker, Jena 1914, 80–119 (im Rahmen der Auseinandersetzung mit Mystik und Geschichte); ders.: Religion und Volkstum (Tat-Flugschriften 5), Jena 1915.

Ebenfalls auf der Grundlage der Philosophie Fichtes argumentierte Emanuel Hirsch.[49] Hirsch war zu jener Zeit Privatdozent an der Universität Bonn. Im Zuge der Auseinandersetzung mit Fichte im Rahmen seiner Habilitationsschrift *Christentum und Geschichte in Fichtes Philosophie* (1919) stellte er nicht in erster Linie den einzelnen Menschen in seiner Gottesunmittelbarkeit – und diesem analog das völkische Kollektivsubjekt – in den Mittelpunkt seiner Überlegungen. Zentral war für Hirsch vielmehr die «Geschichte» als dynamische Macht, in deren Zusammenhang dann erst die «Gemeinschaft» (die auch bei Hirsch an anderen Stellen und in seinem späteren theologischen Werk ohnedies) als vermittelndes Medium der christlichen Tradition bzw. der Offenbarung auf den Plan tritt.[50] Der Blick auf die Geschichte fragt nach den Bedingungen persönlicher religiöser Gewissheit. Diese Frage ist damit als die «empirisch» oder «positiv» gewendete Adaption der transzendentalphilosophischen Reflexion auf Strukturelemente und Voraussetzungen des Selbstbewusstseins zu verstehen.

Definitiv wird das Volk von Hirsch auch zum Medium der Durchsetzung des göttlichen Willens ab 1920 bestellt. In seiner Schrift *Deutschlands Schicksal*, die als unmittelbare Reaktion auf das Ende des Kaiserreichs und die politischen Wirren der frühen Weimarer Republik gewertet werden kann, stellt er eine Konzeption religiöser Gemeinschaft bzw. Kirchlichkeit in den Mittelpunkt, die als «Gemeinschaft der Gewissen im Ewigen»[51], d. h. als «unsichtbare» Kirche, nicht nur eines Mediums sondern zugleich eines Organs bedarf, das ihre Handlungen ausführt. Dieses Organ ist der «Staat»[52] – als «Megasubjekt»[53]. Der Staat soll nach Hirsch als «Organismus»[54] und damit als

49 Vgl. zum Verhältnis Gogartens zu Hirsch auch Andreas Holzbauer: Nation und Identität. Die politischen Theologien von Emanuel Hirsch, Friedrich Gogarten und Werner Elert aus postmoderner Perspektive, Tübingen 2012.

50 Vgl. Emanuel Hirsch: Christentum und Geschichte in Fichtes Philosophie, Tübingen 1920, zitiert nach: ders.: Fichte-Studien 1914–1929. Neu herausgegeben und mit einem Nachwort versehen von Ulrich Barth, in: Emanuel Hirsch: Gesammelte Werke, hg. v. Hans Martin Müller/Ulrich Barth/Albrecht Beutel/Matthias Lobe/Arnulf von Scheliha/Hans-W. Schütte, Bd. 24, Waltrop 2008, 149–242.

51 Emanuel Hirsch: Luther und der deutsche Geist (1921), in: ders.: Lutherstudien, Bd. 3, hg. v. Hans Martin Müller, Waltrop 1999, 175–179; vgl. ders.: Deutschlands Schicksal. Staat, Volk und Menschheit im Lichte einer ethischen Geschichtsansicht, 2. Auflage, Göttingen 1922, 59. Vgl. zu einer ausführlichen Interpretation im zeitgenössischen politisch-theologischen Kontext Georg Pfleiderer: Karl Barths praktische Theologie. Zu Genese und Kontext eines paradigmatischen Entwurfs systematischer Theologie im 20. Jahrhundert, Tübingen 2000, 90–105.

52 Hirsch, Deutschlands Schicksal (wie Anm. 51), 61.

53 Pfleiderer, Karl Barths praktische Theologie (wie Anm. 51), 97.

54 Hirsch, Deutschlands Schicksal (wie Anm. 51), 79.

«lebendiges Wesen»[55] gedacht werden. Sein «Leben» ist dasjenige des Volkes – bzw. er ist die Form, in der «die Eigenart unsers Volks Gestalt gewonnen hat»[56] .Damit ist es die «geschichtliche» Volksgemeinschaft, die den unmittelbaren bestimmenden Kontext des individuellen religiösen Bewusstseins abgibt – und die zugleich, in Gestalt des Staates, diejenigen institutionellen Funktionen übernimmt, die traditionell der Kirche zugeschrieben wurden.

Der Blick auf Teile des deutschen Luthertums und deren Hinwendung zum Nationalismus zeigt eine andere Möglichkeit der theologischen Aufladung eines kollektiven Handlungssubjekts, in diesem Fall des Volkes bzw. des Staats. Auf dieser wie jener Seite der Grenze war das Bedürfnis nach starken Akteuren zur Durchsetzung oder Realisierung der politischen Dimension der christlichen Botschaft groß.

Für Keller gilt, dass weder eine rein unsichtbare Kirche, noch «das» Proletariat noch das Volk als ein solcher Akteur in Frage kommen. Auch die Option der dialektischen Aufdauerstellung religiöser Verunsicherung schien ihm, gerade aufgrund der mit ihr verbundenen Schwierigkeiten im Blick auf die Formulierung pragmatischer und eindeutiger ethischer Botschaften, nicht zielführend.

Das rückt Keller innerhalb der Schweizer theologischen Zeitgenossenschaft inhaltlich stärker in die Nähe Emil Brunners als Karl Barths. Brunner würde zeitlebens auf der Suche nach einer Ethik bleiben, die zwar das dialektisch-kritische Moment nicht unterschlug, gleichwohl aber zu mehr oder minder konkreten Prinzipien und Schlussfolgerungen führte. Zugleich steht Keller dem religiösen Sozialismus keinesfalls nahe, der die internationale Sozialdemokratie immerhin als Gefäß oder Werkzeug der politischen Durchsetzung des göttlichen Heilswillens fassen konnte. Auch stehen Kellers ekklesiologisch-politische Vorschläge jenseits der Abtretung spezifisch religiöser Funktionen an Staat oder Volk, wie sie als Bugwellen des theologischen Hegelianismus und unter den spezifischen staatskirchenrechtlichen Bedingungen der Weimarer Republik formuliert werden konnten.[57] Während Brunner allerdings den Eindruck sozialer Missstände in den USA zum Anlass nahm, eine kritische Haltung zum Völkerbund einzunehmen, sah Keller in diesem nicht so sehr die legale Implementierung der Herrschaft eines Unheilssystems, das jedenfalls in keiner Hinsicht einen spezifisch theologischen Wert habe, sondern vielmehr ein Mittel zur Erreichung eines politisch-

55 Hirsch, Deutschlands Schicksal (wie Anm. 51), 79.

56 Hirsch, Deutschlands Schicksal (wie Anm. 51), 81.

57 Das Ende des Kaiserreichs bedeutete zugleich das Ende der evangelischen «Staatskirche». Gleichwohl wirkte die traditionelle Nähe der protestantischen Kirchen zum Staat in dessen theologischer Hochschätzung fort.

theologischen Ziels, das seine infrastrukturelle Entsprechung auch auf kirchlicher Ebene finden müsse. Es ist insbesondere dieser institutionsorientierte und funktionale Blick auf die Kirche(n), welcher Keller von Barth ohnedies, aber auch von Brunner bleibend trennen sollte. Theologie, so könnte man formulieren, dient zwar durchaus der Kritik sozialer oder ideengeschichtlicher Konstellationen, dies teilte Keller mit Brunner und Barth. Sie zielt aber in erster Linie auf eine Praxis, die weder in der Kritik noch in der Liturgie aufgeht. Vielmehr ist die Form ihrer Praxis das zivilgesellschaftliche bzw. international politisch-diplomatische Engagement – vor einem dezidiert demokratischen Hintergrund.

2.2 Prinzipien der Ekklesiologie Kellers

Sieht man dies, ist es nicht erstaunlich, dass Keller sich seit den 1920er Jahren in so überragender Weise im Rahmen von *Life and Work* engagieren sollte. Seine Reaktion auf den Ersten Weltkrieg und insbesondere dessen Folgen glich in keiner Weise dem dialektisch-theologischen «Ausstieg aus der Geschichte»[58]. Sie war vielmehr praktisch orientiert und doppelter Natur, Kellers Interessen entsprechend. Zum einen engagierte er sich während des Krieges für die innere Einheit der Schweiz und deren äußere Geschlossenheit als neutraler und Frieden stiftender Staat. Zum anderen war die direkte Hilfe für Kriegsgeschädigte eines der ersten Anliegen Kellers nach dem Krieg. Für die Bekämpfung der fatalen Folgen des europäischen Kriegs sah er sich insbesondere als Schweizer Theologe dazu aufgerufen, ein doppeltes internationales Engagement zu betreiben. Keller trat neben seinem Engagement für den Völkerbund zugleich für die internationale Koordination kirchlicher Hilfsarbeit ein. Sein im *Völkerbund und die Kirchen* skizziertes rudimentäres ekklesiologisch-ethisches Programm ist nur eine erste Ausformulierung des Themas, das Kellers spezifisch systematisch-theologische Erwägungen lebenslang prägen sollte: das Verhältnis von Kirche und Staat in seiner internationalen Dimension. Der traditionsreiche theologische Programmbegriff dafür ist das *Reich Gottes*.[59]

Zu diesem Interesse trat die auf enormen Lektüreleistungen und vielen persönlichen Begegnungen beruhende Beschäftigung mit der US-amerikanischen Theologie – die Keller wiederum nicht unter Absehung ihrer soziologi-

58 Friedrich Wilhelm Graf: Die «antihistoristische Revolution» in der protestantischen Theologie der zwanziger Jahre (1988), in: ders.: Der heilige Zeitgeist (wie Anm. 40), 111–138, hier 121–125.

59 Vgl. Keller, Der Völkerbund und die Kirchen (wie Anm. 24).

schen Rahmenbedingungen in den Blick nahm. Keller fungierte als Hin- und Herübersetzer im transatlantischen theologischen Dialog.

Allerdings gewinnt das politisch-theologische Leitinteresse Kellers erst in den späten 1920er Jahren auch systematische Gestalt. Vorausgegangen waren unzählige Reisen, Besuche, Vorträge, Gespräche, das weitere Engagement bei *Life and Work* und, innerhalb der Schweiz, für die Gründung des SEK. Immer wieder fiel, gleichsam «unterwegs», Kellers Programmbegriff des *Reiches Gottes,* so etwa auf der Weltkonferenz von *Life and Work* in Stockholm 1925. Aus dem Frühjahr 1927 stammt aus Kellers Feder eine Bestandsaufnahme der Friedensarbeit der europäischen und US-amerikanischen Kirchen unter dem Titel *Die Kirchen und der Friede mit besonderer Berücksichtigung ihrer Stellung zum Völkerbund.*[60] Als äußerer Anlass kann u. a. der Beitritt der Weimarer Republik zum Völkerbund 1926 gelten – den Keller, anders als manche seiner Zeitgenossen, bereits 1919 nicht abgelehnt hätte.

In dieser Schrift, die Keller selbst als Fortsetzung von Stockholm 1925 verstanden wissen will, konkretisiert sich zum ersten Mal in umfangreicher Weise sein Kirchenbegriff. Kirchen sind, so kann mit Keller gesagt werden, Zwitterwesen. Ihre Mitglieder sind Bürger zweier Reiche – des religiös-kirchlichen wie des staatlich-politischen. Wenn über Kirche gesprochen wird, so sind immer beide Aspekte gleichermaßen zu berücksichtigen – die Kirche als geistige wie als politische Macht. Das Originelle liegt hier nicht in der Aufnahme der traditionellen Zwei-Reiche-Lehre,[61] sondern vielmehr in ihrer *Aneignung.* Keller legt großes Gewicht auf die soziologische Dimension der Kirche, auf die Beschreibung ihrer jeweiligen kulturellen Differenzen und als Konsequenz daraus, ihrer praktischen Entscheidungen hinsichtlich der Bemühungen um eine weltweit friedliche Ordnung. Und er geißelt eine Haltung, die er als «Selbstbeschränkung der Kirchen auf die Pflege des religiösen Lebens» bezeichnet[62] – also genau denjenigen Quietismus, den man zumindest den theologischen Schriften Barths vorwerfen kann.[63] Die

60 Adolf Keller: Die Kirchen und der Friede mit besonderer Berücksichtigung ihrer Stellung zum Völkerbund, Berlin 1927.

61 Die unter diesem Titel ohnedies erst seit jenem Zeitpunkt verhandelte Thematik des Kirche-Staat-Verhältnisses war in der deutschen protestantischen Theologie nicht zuletzt aufgrund der neuen staatskirchenrechtlichen Bedingungen der Weimarer Republik geradezu *das* theologisch-öffentliche Thema schlechthin – während es in der Schweiz verständlicherweise unter ganz anderen Bedingungen diskutiert wurde.

62 Keller, Die Kirchen und der Friede (wie Anm. 60), 9.

63 So jedenfalls Ferdinand Kattenbusch 1930, der mit dieser Einschätzung nicht allein dastand, vgl. ders.: Evangelische Theologie, in: Gustav Abb (Hg.): Aus fünfzig Jahren Deutscher Wissenschaft. Die Entwicklung ihrer Fachgebiete in Einzeldarstellungen, Berlin 1930, 44–57. Kattenbusch nennt neben Barth auch Brunner und Gogarten als

religiöse Praxis ist nicht vollständig, wo nur gepredigt wird – und die globale Sendung der Kirche erschöpft sich andererseits keinesfalls in ökumenischen Konferenzen und der Produktion von Diskussionspapieren und Stellungnahmen. Vielmehr sei die Kirchlichkeit einer Kirche gerade daran zu messen, wie aktiv sie sich auch politisch für den Weltfrieden engagiere. Keller vertritt geradezu ein Ethos globaler kirchlicher Weltverantwortung. Damit bleibt er genau auf der Linie seiner Argumentation von 1919.

1927 gewinnt Keller auch, sozusagen als Nebenprodukt seiner Bestandsaufnahme, eine erste Rohform seiner *politischen* Theologie. Dabei bleibt das *Reich Gottes* weiterhin der zentrale normative Leitbegriff,[64] allerdings, wie schon 1919, mit dem ständigen Bewusstsein verbunden, dass die vollständige Realisierung dieses normativen Ideals im Eschaton liegt. Keller vertrat dies allerdings weiterhin zugleich mit der Überzeugung, dass es schon angebrochen sei und der kirchlichen Arbeit wie der Theologie als Quelle eines vollkommenen Gemeinschaftsbegriffs dienen könne, an dessen Umsetzung zumindest mitgearbeitet werden müsse.

> Die erhebendsten Friedenserklärungen der Kirchen bleiben Schall und Rauch, wenn sie nicht irgendwie und irgendwann wirksam werden an den empfindlichen und entscheidenden Stellen im politischen und sozialen Organismus eines Volkes.[65]

Was zunächst aufwieglerisch klingen mag, entpuppt sich bei genauerem Hinsehen als Chiffre für ein differenziertes kontextuelles politisches Programm. Je nach öffentlicher Organisationsform und sozialer Einbettung der Kirchen soll sich auch die Form ihrer politischen Einflussnahme gestalten.[66]

Es ist gerade diese Kontextsensitivität, die die Originalität der politischen Theologie Kellers ausmacht und ihn zugleich vor einer kulturimperialistischen Einseitigkeit bewahrt. Wenn allerdings überall gleichermaßen gilt, dass das Eintreten für den Frieden und der karitative Liebesdienst die ethischen Prinzipien dieser weltöffentlichen Theologie bilden, so muss doch gefragt werden, woher und auf welche Art sie bezogen werden – und auch wie ihre theologische Legitimierung erfolgt.

Vertreter dieser spezifischen Haltung. Ob dies zu Recht erfolgte, soll an dieser Stelle nicht diskutiert werden.

64 Vgl. etwa Keller, Die Kirchen und der Friede (wie Anm. 60), 56ff.

65 Keller, Die Kirchen und der Friede (wie Anm. 60), 67.

66 Dass dabei die organologische Metaphorik zur Beschreibung des «Volkes» dem heutigen Leser sauer aufstoßen mag, kann kaum zulasten Kellers gehen, der sich hier einer zu seiner Zeit mehr als gängigen Symbolsprache bedient, die wiederum kaum für die Schrecken im Deutschland der 1930er und 40er Jahre verantwortlich zu machen sein wird.

An diesem Punkt scheint Keller selbst klargeworden zu sein, dass es nicht nur ein gedankliches Erfordernis, sondern zugleich eine praktische Notwendigkeit darstellte, seinem Programm eine differenziertere theologische Einkleidung zu verleihen. Denn zwar hatte er bereits auf der Konferenz in Stockholm 1925 geäußert, dass das Reich Gottes, als höchstes Gemeinschaftsideal überhaupt, der Bibel entstamme.[67] Wie aber die Bezugnahme auf die Bibel vor sich zu gehen habe – und wie die systematisch-theologische Begründung dieser Gemeinschaftsform auszusehen habe, war auch zwei Jahre später noch etwas vage. Mit anderen Worten: Adolf Keller benötigte eine Ekklesiologie, durchaus auch aus dem Grund, dass der von ihm wesentlich mit vorangetriebene Ökumenismus nicht nur eine Konferenz nach der anderen zeitigte, sondern auch institutionelle Blüten zu treiben begann, zu dieser Zeit insbesondere in Form der projektierten Gründung des Sozialwissenschaftlichen Instituts in Genf.

Eine ekklesiologische Skizze mitsamt Begründung in traditioneller theologischer Terminologie erschien 1928. Es handelte sich um die Veröffentlichung der Zürcher Antrittsvorlesung Kellers, wo er seit 1926 einen Lehrauftrag versah, unter dem Titel *Wesen und Form der kirchlichen Gemeinschaft*.[68] Dieser Text ist auch deshalb theologiehistorisch von besonderem Interesse, da der akademische Kontext Keller geradezu zwang, sich einer Sprachform zu bedienen, die den Regeln des universitären theologischen Diskurses folgte, und die mithin den Vergleich mit zeitgenössischen Positionen von Fachkollegen erleichtert.

In dem nur 14 Seiten umfassenden Text entwickelt Keller das ekklesiologische Grundmodell, von dem er nicht mehr abrücken wird, und das auch einen Teil des Hintergrunds seiner politisch-theologischen Zeitdiagnostik in den 1930er Jahren abgibt. Auch hier behält Keller die Grundüberzeugung bei, dass die Ausbildung einer Ekklesiologie die einzige Form sei, bei der die Entwicklung einer Gemeinschaftslehre überhaupt kirchlicherseits anzusetzen habe. Und auch hier ist die Abzweckung unmittelbar praktischer Natur. Es sind die «heutigen kirchlichen Zusammenschlußbewegungen»,[69] die nicht nur intern eine tragfähige Ekklesiologie benötigen. Sie bedürfen ihrer vielmehr auch dann, wenn sie ihre Außenwirkung gezielt koordinieren wollen. Dabei schreckt Keller auch hier nicht vor der Inanspruchnahme zeitgenössisch gefärbter Begrifflichkeiten zurück. Interessant ist dabei, anzumerken,

67 Vgl. Jehle-Wildberger, Adolf Keller (wie Anm. 1), 266–276.

68 Adolf Keller: Wesen und Form der kirchlichen Gemeinschaft. Antrittsvorlesung an der theologischen Fakultät der Universität Zürich, Sonderdruck aus der Monatsschrift für Pastoraltheologie zur Vertiefung des gesamten pfarramtlichen Wirkens 1928, Heft 1/2.

69 Keller, Wesen und Form (wie Anm. 68), 4.

dass Keller zur Ausarbeitung seines Vortrags – jedenfalls was seine eigenen Referenzen betrifft – durchaus auf zeitgenössische Autoren zugreift. Diese sind aber gerade nicht die Wortführer der dialektischen Theologie, sondern es sind der bekennende Antisemit Otto Dibelius (der Keller spätestens aus Stockholm 1925 bekannt sein musste und der 1926 mit *Das Jahrhundert der Kirche* Kellers theologisches Interesse erregt hatte), der bereits emeritierte und unter den «Dialektikern» ambivalent beurteilte, von Keller aber durchweg affirmativ rezipierte Adolf Schlatter, der Formgeschichtler Karl Ludwig Schmidt, wiederum der Kellers Interesse und Faszination bereits seit Jugendzeiten erregende und zu jener Zeit in Lambaréné weilende Albert Schweitzer u. a. Dieser Eklektizismus mag einmal mehr die Schulferne und Eigenständigkeit der Position Kellers unterstreichen, zugleich aber auch die eminent *praktischen* Konstruktionsprinzipien seiner Theologie verdeutlichen. Der Zugriff auf die systematisch-theologischen Grundbestände folgt Kellers Vorstellungen von kirchlicher Praxis.

In *Wesen und Form der kirchlichen Gemeinschaft* beschreibt Keller das Konstitutions- wie das Realisierungsprinzip der Kirche pneumatologisch: «Im heiligen Geist ist für das christliche Bewußtsein nicht nur der göttliche Ursprung der Kirche, sondern auch seine erhaltende Lebenskraft und die *Führung*, die in alle Wahrheit leitet.»[70] Die Geistlehre wird hier mit deutlichen Anklängen an die Schöpfungstheologie entfaltet. Nicht nur ist der Geist das Medium, durch das die Kirche aufgebaut wird, er erhält und lenkt sie auch. Zugleich ist der Geist Garant für die Einheit und Universalität der Kirche.

Gleichwohl gehört zu dieser einheitlichen Kirche göttlich-geistigen Ursprungs eine notwendig historisch und kulturell relative *institutionelle* Form.

> Damit verschmolz sich das ursprüngliche Wesensideal der Kirche mit der Schicksalsgemeinschaft der einzelnen Völker, mit der großen Gruppen- und Massenbewegung des Menschengeschlechts, mit seiner Kultur, mit seinen Rassenkonflikten, mit seinen politischen Interessen.[71]

Es fällt abermals auf, dass Keller sich eines Vokabulars bedient, das auch von völkischen Kreisen verwendet wurde. Sowohl der Gedanke, die Völker seien «Schicksalsgemeinschaften» als auch die providenztheologische Adaption des Begriffs der «Führung» sollten etwa von Emanuel Hirsch prominent in seinem *Leitfaden zur christlichen Lehre* (1938) verwendet werden.[72] Aber auch bei Karl Barth fand sich Mitte bis Ende der 1920er Jahre (in seinen Münsteraner und Bonner Ethikvorlesungen) eine durchaus affirmative Auf-

70 Keller, Wesen und Form (wie Anm. 68), 4. Hervorhebung HM.

71 Keller, Wesen und Form (wie Anm. 68), 6.

72 Vgl. Emanuel Hirsch: Leitfaden zur christlichen Lehre, Tübingen 1938.

nahme des Begriffs der «Führung»[73] – und keinesfalls eine deutliche Stellungnahme zur Demokratie. Nochmals sei daher betont, dass es nicht die Begriffe sind, die den politischen Charakter einer Ekklesiologie bestimmen, sondern ihre spezifische Verwendung im Rahmen einer Systematik. Diese ist es, die Kellers ekklesiologische Bemühungen von Beginn an an die Prinzipien moderner Rechtsstaatlichkeit und internationaler Kooperation binden.

Die kulturelle und politische Dimension der Kirche ist nach Keller notwendiger Bestandteil derselben und muss ekklesiologisch mitbedacht werden. Wird dies nicht getan, so Keller, und bleibt die Bezugnahme auf den Geist das einzige Spezifikum der theologischen Selbstbesinnung, dann ist das praktische Resultat dasjenige, das er bereits früher als kirchliche «Selbstbeschränkung» kritisiert hatte. Hier wird Keller nun konkreter: Gerade «die weitgehende Spiritualisierung», die Keller insbesondere in der lutherischen Ekklesiologie diagnostiziert, führe dazu, dass die «soziologische Ausgestaltung […] umso rückhaltloser der staatlichen Gewalt überlassen» werde.[74] Auch eine pneumatische Ekklesiologie bedarf folglich eines institutionellen «Formwillen[s]». Und zwar genau deshalb weil sie sonst, ob als partikulare Kirche in einem spezifischen Kontext oder als internationaler Zusammenschluss, ihrem Auftrag nicht gerecht werden kann. Die Kirche muss, mit anderen Worten, ein starkes kollektives Subjekt formieren, eine «Arbeitsgemeinschaft»[75].

Aus dieser praktischen Abzweckung ergeben sich für Keller Konsequenzen mit Blick auf die Aneignung der theologischen Tradition. Um Handlungsfähigkeit herzustellen, müsse die reformatorische «Scheidung zwischen sichtbarer und unsichtbarer Kirche»[76] auch theologisch aufgegeben werden. Anstelle dessen führt Keller die Unterscheidung von (empirischer) Kirche und «Reich Gottes»[77] ein, bzw. «von ihrem Wesen und ihrer Form im weitesten Sinn, von der göttlichen Zielsetzung und ihrer menschlichen Verwirklichung.»[78] Es ist diese Differenz, die in der Folge von entscheidender Wichtigkeit sein wird – weswegen weiter unten darauf zurückzukommen ist.

Und *erst an dieser Stelle* des Gedankengangs nimmt Keller Rekurs auf den christologischen *turn*, den die Kirchenlehre bei den dialektischen

73 Vgl. Karl Barth: Ethik I. Vorlesung. Münster Sommersemester 1928, wiederholt in Bonn, Sommersemester 1930 (GA II.2), Zürich 1973; ders.: Ethik II. Vorlesung Münster Wintersemester 1928/29, wiederholt in Bonn, Wintersemester 1930/31 (GA II.10), Zürich 1978.

74 Keller, Wesen und Form (wie Anm. 68), 6.

75 Keller, Wesen und Form (wie Anm. 68), 7.

76 Keller, Wesen und Form (wie Anm. 68), 7.

77 Keller, Wesen und Form (wie Anm. 68), 8.

78 Keller, Wesen und Form (wie Anm. 68), 8.

Kollegen genommen hatte. Speziell bei Karl Barth, zentral aber auch bei Dietrich Bonhoeffer in dessen 1927 geschriebener, erst 1930 erschienenen *Sanctorum Communio*[79]. Und Emil Brunner, der seit 1924 in Zürich lehrte, hatte gerade in seinem großen Schleiermacherbuch *Die Mystik und das Wort* die Aporien subjektivitätstheoretischer Begründung der Theologie aufgesucht und als «das feinste Destillat des Heidentums» beschrieben[80] und nun seine Christologie unter dem Titel *Der Mittler. Zur Besinnung über den Christusglauben* (1927) veröffentlicht. Die Ausarbeitung einer Ethik trat erst langsam ins Gesichtsfeld Brunners.

Trotzdem ist die Differenz Kellers zu Brunner nicht so groß, wie es scheinen mag. Nochmals ist es wichtig die unterschiedlichen Kontexte und Verwendungszwecke theologischer Texte zu beachten. Während der «akademische» Brunner mit theologisch-philosophischen Vermittlungsbemühungen beschäftigt war, sprach der «religiös-soziale» Redner Brunner Anfang Januar 1926 über *Die Aufgabe der Christen an der Welt* – ein Vortrag, in dem er die mangelnde Positionierung und Hilfsleistungen der «Kirchen» während des Ersten Weltkriegs und angesichts sozialer Nöte in dessen Folge aufs schärfste kritisierte. Er konnte sich sogar zu der Formulierung versteigen, dass «Gott immer die Tat wichtiger als das Geschwätz» sei: «Es ist heute wichtiger, dass die christliche Kirche gegen den Krieg etwas Entscheidendes tut, als dass sie neue Missionsgebiete in Afrika erobert.»[81] Dennoch verbleibt die theologische Aufnahme des Hangs zur Tat bei Brunner – wie übrigens auch bei Barth zu dieser Zeit[82] – im Rahmen des Hinweises auf die Notwendigkeit der (bei Brunner gegebenenfalls auch politisch ausgerichteten) «Predigt».[83]

---

79 Dietrich Bonhoeffer: Sanctorum Communio. Eine dogmatische Untersuchung zur Soziologie der Kirche, Berlin/Frankfurt a. O. 1930, Neuausgabe: Dietrich Bonhoeffer Werke, Bd. 1, hg. v. Eberhard Bethge, München 1986.

80 Vgl. Emil Brunner: Die Mystik und das Wort. Der Gegensatz zwischen moderner Religionsauffassung und christlichem Glauben dargestellt an der Theologie Schleiermachers, Tübingen 1924, 386.

81 Vgl. Emil Brunner: Die Aufgabe der Christen an der Welt, in: Monatsblatt der Evangelischen Gesellschaft des Kantons Zürich 9/2 (1926), 22, zitiert nach Jehle, Emil Brunner (wie Anm. 6), 206.

82 Die Predigt stellte für Barth noch in den 1920er Jahren den Inbegriff kirchlichen Handelns und das Ziel der Theologie dar, vgl. nur Barths Vortrag auf der zweiten Theologischen Woche in Elberfeld *Das Wort in der Theologie von Schleiermacher bis Ritschl* 1927, in: ders.: Vorträge und kleinere Arbeiten 1925–1930 (GA III.24), Zürich 1994, 183–214. In diesem Vortrag stellt Barth heraus: «Unter dem Problem des Wortes, d. h. doch wohl des Wortes Gottes, in der Theologie verstehe ich die Frage, ob und inwiefern sich die Theologie bewußt ist, die christliche Predigt dazu anzuleiten, in menschlichen Worten wiederzugeben, was dem Menschen durch Gott über Gott selbst gesagt ist, im Gegensatz zu Allem, was sich der Mensch etwa selbst über Gott sagen kann.» (A. a. O., 186). Hier ist bereits der Übergang zum Barths spätere

Allerdings bestand eine wesentliche Differenz Kellers zu Brunner darin, dass jener auf den Geist als theologisches Universalprinzip der Ekklesiologie setzte, während dieser, darin ganz «dialektisch», das «Wort» als entscheidendes Merkmal spezifisch des Christentums in den Mittelpunkt stellte. Es ist sicherlich verfehlt, die Gegenüberstellung von Geist und Wort nun so vorzunehmen, dass jener schon per se ein demokratisches Prinzip mit sich bringe, während dieses, als Wort Gottes, prinzipiell zu auch in politischer Hinsicht hierarchischem Denken führen müsse. Auch lassen sich gewiss keine direkten Beziehungen zwischen sozialem Engagement und Geist- oder Wortekklesiologie herstellen. Dennoch mag gerade diese Gegenüberstellung zeigen, weshalb es für Keller nahe liegend sein musste, die Ekklesiologie pneumatologisch zu interpretieren. Einerseits versprach er sich von einer Geist-Ekklesiologie größere Gestaltungsmöglichkeiten gegenüber einer am Wort orientierten Kirchenlehre. Andererseits spiegelte sich hierin auch Kellers primär praktisch ausgerichtetes theologisches Interesse, das er in unzähligen Aktivitäten in Völkerbund, *Life and Work* und föderalen kirchlichen Zusammenschlüssen konkretisierte.

Die Pneumatologie bildet, wie gesehen, den Hintergrund, vor dem Keller seine Ekklesiologie nun christologisch zuspitzt. Die (im Geist bestehende) Einheit von göttlicher Zielsetzung und menschlicher Verwirklichung soll ekklesiologisch mit dem Inkarnationsgedanken beschrieben werden. «Die Geistesschöpfung gewinnt eine Gestalt, eine Struktur, sie wird Organismus, Institut, soziologische Form, sobald sie in das Gebiet der historischen Relativität eintritt.»[84]

Das Wort wird Fleisch. Desgleichen der Geist, der es zugleich belebt. Inkarnation bedeutet für Keller beides. Das Wort ist nicht das Konstitutionsprinzip der Kirche. Es ist zu jeder Zeit das «Wort des unsichtbaren Gottesgeistes», das im Rahmen der Kirche die fehlbare Gestalt des Endlichen annimmt, als «Wort, das sie verkündigt»[85] – aber als solches ist es selbst begründet und aufgehoben im Geist.

Die endliche Gestalt der Kirche ist das Medium des Geistes, sein Realisationsinstrument. «Denn es gefiel dem Gottesgeist immer wieder, sich des Endlichen, Unansehnlichen, Menschlichen zu bedienen zur Durchführung seiner Zwecke.»[86] Und dieses Medium ist notwendig ein gebrochenes Bild des göttlichen Geistes, das in vielerlei Hinsicht ein menschliches, allzu

Theologie prägenden Gedanken zu bemerken, dass Theologie im Wesentlichen auf «Gotteserkenntnis» ziele.

83 Vgl. Jehle, Emil Brunner (wie Anm. 6), 222.

84 Keller, Wesen und Form (wie Anm. 68), 5.

85 Keller, Wesen und Form (wie Anm. 68), 8.

86 Keller, Wesen und Form (wie Anm. 68), 8.

menschliches Antlitz trägt. «Die Lehre von der Inkarnation besagt, daß es [sc. das Göttliche] so tief ins menschlich Relative eingeht, daß es Teil hat an seiner Begrenztheit, seinem Irrtum und auch von seiner Sünde sich nicht trennt.»[87] Keller weist an dieser Stelle selbst auf die formale Ähnlichkeit zu Barths Ekklesiologie hin, der «von dem heimlichen und verhüllten Existenzgrund der Kirche spricht, der nur geglaubt werden kann». Trotz aller formalen Nähe darf allerdings nicht vergessen werden, dass neben inhaltlichen bzw. materialen Differenzen (so Kellers Betonung des Geistes), die Konsequenzen aus dem aufgestellten ekklesiologischen Begründungszusammenhang unterschiedlicher nicht sein könnten.

Kellers Kirche ist notwendig plural, nicht nur in den individuellen Unterschieden der Mitglieder, sondern auch in den unterschiedlichen kulturellen Kontexten der vielen Kirchen. Darin besteht kein großer Unterschied zu Barth. Kellers Kirche ist aber auch Kirche der Tat, und diese Tat lässt sich keinesfalls auf die Wortverkündigung im engeren Sinn beschränken. Jede Tat, jede Handlung bedarf der Konstitution von Zwecken zur Herstellung von Handlungssicherheit. Bei Barth wie bei Keller erfolgt diese Konstitution im Rahmen der theologischen Reflexion. Während Barth aber als Subjekt dieser Reflexion insbesondere die *akademische* Theologie im Blick hat, die, im Blick auf die Konstitution von Handlungszwecken eher kritisches denn konstruktives Potenzial offenbart, ist es Keller in sehr viel weiterer Hinsicht um die Rückbindung theologischer Verständigungsprozesse an die empirischen Kirchen zu tun. Die Herbeiführung der kollektiven Handlungsfähigkeit der einen, in sich pluralen Kirche darf weder doktrinär erfolgen noch als Sache einzelner prophetischer Redner verstanden werden. Schon die Kritik kann «nicht vom psychologischen Gesichtspunkt des Individualismus aus unternommen werden» – vielmehr kann jeder einzelne Mensch «nur als Glied der Gemeinschaft, also im Namen der Sache, des Wesens oder eines prophetischen Bewußtseins, das weit entfernt ist von einer Steigerung des individuell Persönlichen» zu diesem Zweck das Wort ergreifen. Ähnliches würde sicher Barth ebenfalls für sich in Anspruch genommen haben; dennoch sieht Keller das «Wesen» oder die «Sache» eben repräsentiert durch die «Form» dieses Wesens selbst – und das ist für ihn keinesfalls die akademische Theologie. Vielmehr sind es insbesondere «die heutigen Einigungsbewegungen der empirischen Kirchen»,[88] die die Reflexion auf das einheitliche «Wesen» wie auch die Konstitution klarer Handlungsziele vorzunehmen haben. Hierin könnte die Differenz zu Barth nicht größer sein. Keller sieht die geistige und handlungspraktische Leitung des kirchlichen Kollektivsubjekts

87 Keller, Wesen und Form (wie Anm. 68), 8.
88 Keller, Wesen und Form (wie Anm. 68), 11.

keinesfalls in einzelnen (Kirchen-)Führern repräsentiert. Ein Standpunkt «über» der Sache kann nicht von einzelnen Mitgliedern eingenommen werden. Vielmehr ist der Blick auf das Ganze nur unter Berücksichtigung der perspektivischen Vielfalt derjenigen zu gewinnen, die dieses «Ganze» ausmachen. Mit anderen Worten: Theologische Reflexion ist ein pluraler, vielstimmiger diskursiver Prozess. Der Gegensatz Kellers zu Barth in diesem Punkt ist auch der Gegensatz des kirchlich-ökumenischen Praktikers zum akademischen Theologen.

Die spezifische Rationalität der Theologie ergibt sich für Keller demnach weder aus der Logik des Gottesgedankens, noch aus den der allgemeinen Vernunft eigenen Gesetzen. Vielmehr ist sie Sache eines internationalen kollektiven Gesprächs. Man könnte auch, etwas provokant, formulieren: An die Stelle einer methodischen Prinzipienlehre, einer individualisierten Glaubenstheologie oder einer traditionalistischen Doktrin tritt beim Pragmatiker Adolf Keller das Vertrauen auf die Rationalität des ökumenischen Diskurses, oder auch, um noch provokanter zu sein, *de facto* die Demokratisierung des Heiligen Geistes. Legitime Theologie ist solche, die sich im ökumenischen Gespräch bewährt.

Damit stellt sich allerdings für diesen genuin *dogmatischen* Bereich dieselbe Legitimationsfrage wie für denjenigen des *Ethos*. Ist es dort die kollektive Interpretation des Evangeliums, das als Quelle der ethischen Prinzipien angegeben wird, so ist es hier die «Wesensschau».[89] Es ist keinesfalls so, dass Keller die erkenntniskritischen Invektiven insbesondere Barths fern stünden. Vor der Weltkonferenz von *Life and Work* ins Stockholm 1925 schrieb er den Mitgliedern der Schweizer Delegation folgende zu bedenkende Fragen ins Hausaufgabenheft:

> 1. Lässt sich überhaupt ein Plan Gottes für die praktische Stellung der Kirchen zur Welt aus der Schrift und unserer christlichen Erkenntnis gewinnen? 2. Hat die Kirche das Recht und die Pflicht, sich am Neuaufbau der menschlichen Gesellschaft durch Bearbeitung konkreter Pläne zu beteiligen, oder bleibt ihre Aufgabe rein auf die Verkündigung des Wortes beschränkt?[90]

Die Lösung dieser Fragen allerdings erwartet sich Keller nicht in erster Linie von einer fundamentaltheologischen Reflexion, sondern vom innerkirchlichen, weltweiten theologischen Dialog. Damit tritt ein genuin modern anmutendes (politisches) Verfahrensprinzip an die Stelle eindeutig hierarchi-

89 Keller, Wesen und Form (wie Anm. 68), 13.

90 Adolf Keller: An die Mitglieder der schweizerischen Delegation, Zürich, 14. April 1925, 1 (BAR 1112/114), zitiert nach Jehle-Wildberger, Adolf Keller (wie Anm. 1), 267.

scher Lösungen. Darin wiederum lässt sich eine gewisse Nähe zur Theologie Karl Barths erkennen: Hier wie dort ist es die Aufdauerstellung des kritisch-metakritischen Diskurses, die in letzter Instanz das Wesen der Theologie bezeichnet – nur dass dieser Diskurs (bei Barth) im Rahmen der Selbstbesinnung Einzelner stattzufinden hat und gleichsam das Ziel akademischer Theologie darstellt,[91] bei Keller hingegen auf den Konferenzen der kirchlichen Einigungsbewegungen.

Allerdings wird gerade bei dieser Parallelisierung zur dialektischen Theologie deutlich, dass genau diejenige Eindeutigkeit der Handlungsziele, die ein Kollektivsubjekt (anders als dialektisch-ethischer Individualismus) benötigt und die Keller je und je einfordert, nicht nur des Verweises auf eine bestimmte Form der Meinungsbildung bedürfte, sondern zugleich einer eingehenden Besinnung auf die Prinzipien und Kriterien oder auf die *Regeln* des kollektiven Gesprächs. An deren Stelle tritt bei Keller das Vertrauen auf eine bereits bewährte kommunikative Praxis. Deren Bewährung und damit die Legitimation der Theologie ergibt sich aus den Erfolgen der karitativen Tätigkeit der internationalen Kirchen – und zugleich aus ihrem politischen Erfolg. Man könnte auch von einem «pragmatistischen Zirkel» sprechen, wenn nicht noch *ein weiteres Prinzip* für die Theologie Kellers leitend wäre. Dieses Prinzip wird besonders dort deutlich, wo die kirchliche Arbeit auf eine Bewährungsprobe sondergleichen gestellt wird: in der Notsituation der Vorgeschichte und Geschichte des Zweiten Weltkriegs.

Kellers Aktivitäten und Stellungnahmen während dieser Zeit können hier nicht mehr vollständig rekonstruiert werden. Einige Stichproben müssen genügen. In systematischer Perspektive ist dabei die oben genannte Differenzierung Kellers zwischen Kirche(n) und Reich Gottes von entscheidender Bedeutung. Es ist hilfreich, sich daran zu erinnern, dass die deutsche protestantische Theologie jener Zeit, sofern sie nicht in eine völkische Richtung tendierte, über die Konfessionsgrenzen hinweg deutlich die Unterscheidung von Kirche und Reich Gottes einschärfte – in lutherischer Perspektive traditionell mit einer stärkeren Betonung des Eigenrechts des Staates, bei den dialektischen Theologen im Kielwasser der auch kirchenkritischen «Krisen»-Theologie. In beiden Perspektiven ergab sich daraus die Schwierigkeit, auch angesichts zunehmender politischer Wirren (umso mehr im Blick auf die einsetzende Weltwirtschaftskrise) letztlich keinen deutlichen Beitrag zur politischen Meinungsbildung leisten zu können bzw. zu wollen. Eine «Schwierigkeit» ist dies freilich nur für den Nachgeborenen Betrachter – und

91 Vgl. Barths Ethikvorlesungen, in denen die kritische «Besinnung» als «Zerstörung der Naivität» zum eigentlichen ethischen Ziel erhoben wird: ders., Ethik I (wie Anm. 73), 275.

für solche Theologen, denen ein auch politisches Engagement der institutionellen Kirche von bleibender Wichtigkeit war. Zu diesen gehörte Adolf Keller. Die Unterscheidung von gegenwärtiger Kirche und eschatologischem Reich Gottes hat bei Keller die platonisch-idealistisch anmutende Pointe, dass die pluralen «Formen» kirchlicher Institutionalität in einer Beziehung der Teilhabe zum göttlich-geistigen «Wesen» stehen, und dass zugleich das «Prinzip der Individuation» die einzelnen Kirchen notwendig aufeinander zur wechselseitigen Ergänzung verweist. Hier kann Keller zustimmend auf Adolf Schlatter zurückgreifen, der in einer Schleiermacher'schen Wendung «die Berechtigung dieser Differenzierung in Variationen des Gottesbewußtseins [sehe], die durch den Christus selbst bewirkt werden».[92]

Die angenommene Kontinuität von Wesen und Form der Kirche ermöglicht Keller nicht nur die Bejahung von institutionellen Differenzen und solchen der Lehre. Sie erlaubt zugleich die Entwicklung einer positiven Einstellung zu sozialethischem Engagement, das gleichwohl nicht in einer Neuauflage kulturprotestantischer Positionen aufgeht. Hier zeigt sich nicht nur das auf die karitative Praxis zielende Resultat des theologischen Eklektizismus' Kellers, sondern zugleich sein politisches Geschick. Denn bereits auf der Weltkonferenz von *Life and Work* in Stockholm 1925 war die Frage nach dem Verhältnis von Reich Gottes und Kirche sowie, daran anschließend, das Problem des sozialen Engagements der Kirchen geradezu zum «Streitfall» insbesondere zwischen deutschen und US-amerikanischen Theologen geworden, deren Hinwendung zum *Social Gospel* als triumphalistischer Aktivismus gewertet werden konnte.[93]

Die Unterscheidung von Kirche und Reich Gottes bei gleichzeitiger Betonung ihrer Kontinuität zeitigte aber noch ein weiteres Ergebnis. Sie erlaubte nicht nur die theoretische Begründung sozialen und politischen Engagements der Kirchen. Es sollte daran erinnert werden, dass diese Unterscheidung ihrerseits auf einer funktionalen Perspektive auf die Kirche beruhte, die diese dem Staat als kritisches wie konstruktives «Gewissen» zuordnete.

Beide Perspektiven zusammengenommen ergibt sich für Keller nicht nur die Bejahung von Pluralität innerhalb der Kirche, sondern eine affirmative Einstellung zum differenzierten sozialen bzw. politischen Gemeinwesen insgesamt, innerhalb dessen die Kirche einen spezifischen, keinesfalls aber übergeordneten Ort einnimmt. Damit ist die Anerkennung der Eigengesetzlichkeit nichtreligiöser Bereiche anerkannt, zugleich aber der Weg zu einer

92 Keller, Wesen und Form (wie Anm. 68), 12.

93 Ein differenzierter Überblick dazu findet sich Jehle-Wildberger, Adolf Keller (wie Anm. 1), 266–281.

konstruktiv-kritischen Perspektive nicht verstellt. Sowohl Kirchen als auch politische Formationen, die diese (kirchliche wie soziale) Pluralität und Differenzierung verneinen oder unterlaufen, müssen aus Kellers Perspektive zwangsläufig feindlich erscheinen. Feindlich heißt vor diesem Hintergrund zugleich auch: antimodern.

3 Adolf Keller in den 1930er Jahren: Zeitdiagnostiker und Kirchentheoretiker

Anstelle einer Auflistung der immensen Arbeitsleistung, die Keller in den 1930er Jahren absolvierte, möchte ich wiederum den Blick auf Kellers systematisch-theologische Positionierung lenken. Diese hat ihren Niederschlag insbesondere in seinem 1934 in den USA erschienen Werk *Religion and Revolution*[94] gefunden, dessen gleichzeitige britische Ausgabe den Titel *Religion and the European Mind*[95] führte. Die hier von Keller entwickelten Gedanken fanden eine Fortführung und Vertiefung in dem 1936 erschienenen *Church and State on the European Continent*[96]. Beide Werke gehen auf Vorlesungsreihen zurück.

Die Beurteilung des Verhältnisses von Kirche und Staat bekommt in diesen Schriften eine nochmals neue Wendung, die dennoch in Kontinuität zu Kellers früheren theologischen Schriften steht. Keller war weiterhin der Überzeugung, dass internationale Hilfe für die besonders betroffenen europäischen Kirchen nur dann zu erwarten sei, wenn ihre Situation verständlich gemacht werde, und zwar sowohl in ihren soziologischen Konsequenzen, wie auch in ihren theologischen Prämissen. Dabei entpuppte er sich als scharfsinniger Zeitdiagnostiker und immenser Kenner insbesondere der deutschsprachigen, britischen und US-amerikanischen theologischen Landschaft.

Kellers Zeitdiagnose ist klar – und apokalyptisch aufgeladen. Sie setzt sich aus theologischen, soziologischen, politischen und psychologischen Momenten zusammen. Die zentrale These lautet wie folgt: Das Christentum befindet sich im Kampf. Und zwar mit einem Gegner, der aufgrund seiner Natur und Strategie nicht einfach zu fassen ist. Es findet eine tiefe und unsichtbare Revolution im religiösen Bewusstsein einer ganzen Generation

94 Adolf Keller: Religion and Revolution. Problems of Contemporary Christianity on the European Scene, New York 1934.

95 Adolf Keller: Religion and the European Mind, London 1934.

96 Adolf Keller: Church and State on the European Continent. The Social Service Lecture (Beckley Lecture), London 1936.

statt.[97] Der europäische Mensch befindet sich in einer Situation fundamentaler Verunsicherung. Der Gegenstand des Kampfes ist nichts weniger als das religiöse Bewusstsein des europäischen Menschen. Und die Kontrahenten in diesem Kampf müssen zwangsläufig *religiöser* Natur sein.

Das Christentum befindet sich zwar auch in einer Situation politischer Bedrängnis, die insbesondere in Russland greifbar wird. Aber die Perfidie dieser politischen Bedrängnisse liegt darin, dass sie nicht im politischen Bereich verharren. Vielmehr tragen auch die politischen Umwälzungen in Europa religiösen Charakter.[98] Damit verschiebt sich das Verhältnis von Kirche und Staat. Adolf Keller hatte in den vergangenen 15 Jahren dieses Verhältnis jeweils so deuten können, dass dem Christentum in Form der institutionellen Kirchen eine spezifische Funktion für das öffentliche Gemeinwesen zukam: Sie sollen das geistige Rückgrat der Nationen bilden, deren politische Bestrebungen ethisch reflektieren, und, aufgrund der Kontinuität von «Wesen» und «Form», auch als Institutionen sowohl in Verkündigung als auch karitativer Praxis einen spezifischen Beitrag an internationaler politischer Partizipation leisten. Wird diese – von Keller durchaus als *konstitutiv* betrachtete – Funktion (Kultur der «geistigen» «inneren» Dimension des Menschen) auf der personalen wie der kollektiven Ebene von einem anderen Agenten übernommen (bzw. in Kellers Augen: usurpiert), so kann dies nur als Kampfansage gewertet werden.

Keller geht mit einer gewissen Selbstverständlichkeit davon aus, dass nur das Christentum die beschriebene Funktion in angemessener Weise zu erfüllen in der Lage sei. Das Christentum ist die ethische Religion per se – damit steht Keller deutlich in der Tradition «liberaler» Theologie, die eine durchaus national geprägte Fortführung in der lutherischen Theologie der Weimarer Republik erfuhr.[99] Diese Tradition prägt auch seinen Umgang mit dem Religionsbegriff. Wenn auch der Terminus der «politischen Religion» in den 1930er Jahren zum geflügelten Wort werden konnte[100] – das dann 1938

97 Keller, Religion and the European Mind (wie Anm. 95), 7.

98 Keller, Religion and the European Mind (wie Anm. 95), 9.

99 Vgl. zu unterschiedlichen theologischen Begründungsmustern von Staatlichkeit im deutschen Luthertum der Weimarer Republik die erhellenden Ausführungen bei Klaus Tanner: Die fromme Verstaatlichung des Gewissens, Göttingen 1989, 186–262, bes. 196–205.

100 Meines Wissens gibt es keine konzise Aufarbeitung der Begriffsgeschichte, die auch die spezifischen materialen Implikationen der unterschiedlichen Verwendungsweisen herausarbeitet. Vgl. aber Ernst Feil: «Politische Religion» und «Politische Theologie». Zur Problematik ihrer Instrumentalisierung, in: Joachim Mehlhausen (Hg.): … und über Barmen hinaus. Studien zur kirchlichen Zeitgeschichte (Festschrift für Carsten Nicolaisen zum 4. April 1994), Göttingen 1995, 11–39. Aus der mittlerweile umfangreichen Literatur zum Thema vgl. nur Hans Maier: «Totalitarismus» und «politische

von Eric Voegelin einer sehr spezifischen Weise und in deutlicher Nähe zu Carl Schmitts Konzeption einer politischen Theologie zu einem analytischen Instrumentarium ausgebaut werden konnte[101] –, so ist für Keller weder die spezifisch politisch-theologische Verwendungsweise nachzuweisen noch die dialektisch-theologische Totalkritik von «Religion». Kellers Version unterscheidet sich bereits durch ihren internationalen Zuschnitt von den nationalistischen Versuchen seiner Zeit. Gleichwohl verbleibt sie in einer gewissen formalen Nähe zu diesen. Insbesondere auch deshalb mag Keller die von ihm diagnostizierten religiös-politischen Umwälzungen in Europa noch zusätzlich zu deren dezidiert antiparlamentarischem bzw. antidemokratischem Gestus als Konkurrenzprogramm empfunden haben.

Keller nimmt insbesondere die unterschiedlichen Nationalismen sowie den «Bolschewismus» in den Blick. Sie weisen nicht nur auf motivationaler Ebene einen religiösen Charakter auf. Vielmehr eignen ihnen auch alle diejenigen strukturellen Merkmale, die nach Keller zu einer Religion gehören: Sie enthielten «a new vision of humanity as a whole», «a new mystical faith in man and his creative faculties». Dazu gehören weitere religioide Momente: Sie hätten Glaubensformen entwickelt, für welche Millionen von Menschen zu leiden und sterben bereit seien. Sie wiesen messianische Gestalten auf, Apostel und Märtyrer, die in den Massen ein Gefühl der Bewunderung sowie die Hoffnung auf Erlösung und Sieg auslösten. Sie hätten sich Symbole angeeignet, die einen großen Einfluss auf die kollektive Vorstellungskraft ausübten. Und schließlich: Sie würden eine Eschatologie lehren, die sowohl Gerichtsvorstellungen enthalte als auch die Hoffnung auf ein kommendes Reich.[102]

Obgleich Kellers Analyse den religiösen Charakter jener politischen Bewegungen deutlich in Abhängigkeit vom Christentum bestimmt, geht sie nicht in schablonenhaften Aussagen über strukturelle Parallelen auf. Keller stellt seine Diagnose nicht in erster Linie in theologischen oder politischen

Religionen». Konzepte des Diktaturvergleichs, in: Vierteljahrshefte für Zeitgeschichte 43/3 (1995), 387–405, sowie die Beiträge des Sammelbands Georg Pfleiderer/Ekkehard W. Stegemann (Hg.): Politische Religion. Geschichte und Gegenwart eines Problemfeldes, Zürich 2004 (Christentum und Kultur. Basler Studien zu Theologie und Kulturwissenschaft des Christentums, Bd. 3). Vgl. auch Friedrich Wilhelm Graf: Die Nation – von Gott «erfunden»? Kritische Randnotizen zum Theologiebedarf der historischen Nationalismusforschung, in: Gerd Krumeich/Harmut Lehmann (Hg.): «Gott mit uns». Nation, Religion und Gewalt im 19. und frühen 20. Jahrhundert, Göttingen 2000, 285–317.

101 Zur Verhältnisbestimmung Voegelin–Schmitt vgl. Thierry Gontier: From Political Theology to Political Religion. Eric Voegelin and Carl Schmitt, in: The Review of Politics 75 (2013), 25–43.

102 Vgl. Keller, Religion and the European Mind (wie Anm. 95), 10.

Begriffen. Vielmehr ist es die *psychologische* Wirkung auf die Massen, die im Vordergrund seiner Deutung der Nationalismen und des Bolschewismus als Nationalreligionen steht. Da Keller in seiner politisch-ethischen Ekklesiologie der Religion respektive dem durch die Kirchen repräsentierten Christentum insbesondere auch die Funktion zugeschrieben hatte, auf psychologisch-motivationalem Gebiet der Friedensethik eine «geistige» Fundierung zu verschaffen, muss gerade dieser Aspekt zu einer deutlichen Konkurrenzsituation führen. Allerdings besteht diese auch in inhaltlicher Hinsicht – denn auch die in den neuen politischen Religionen erhofften Reiche, aus denen die materialen Bestimmungen des Handelns hergeleitet werden, sind nicht nur durch und durch von dieser Welt. Keller unterstellt den «secular or humanistic religion[s]»[103] zudem die Korrumpierung der Menschheitsidee, insofern sie auf Antagonismus und nicht auf Kooperation und Frieden festgeschrieben werde. Sie bilden damit nicht nur eine *äußere* politische Gefahr für die institutionellen Strukturen des Christentums, sondern üben auch einen gefährlichen *inneren* Einfluss aus. Ihre besondere Perfidie besteht allerdings darin, dass sie ihren religiösen Charakter in politischen und sozialen Programmen verstecken. Neben die Beschreibung von Nationalismen und Bolschewismus als *religiones falsae* tritt damit der Vorwurf der *Ideologie*. Zwei Jahre später sollte Keller eine ausführliche Analyse der «Ideology of the New States»[104] vornehmen, die nicht nur deren jeweilige politisch-weltanschauliche Dogmen, sondern zugleich ihre Verschleierungstaktiken offenzulegen versucht. Genau in diesem ideologischen Charakter besteht, neben dem totalitären Gestus, der eigentlich antimoderne Charakter der beschriebenen Bewegungen. Der Ausgriff auf die Sphäre des Religiösen ist nicht nur ein Übergriff – er ist eine Unterwanderung.

Im Hintergrund der Zeitdiagnostik und politischen Religions- und Ideologiekritik Kellers steht sehr deutlich eine bestimmte Vorstellung von der Ordnung einer Gesellschaft, die insbesondere die Trennung der Funktionsbereiche Religion und Politik einzuhalten habe.[105] Das Unterlaufen dieser Trennung durch die von Keller so genannten Nationalreligionen ist ihr

103 Keller, Religion and the European Mind (wie Anm. 95), 20.

104 Vgl. Keller, Church and State (wie Anm. 96), 61–128.

105 Damit ist zwar noch keine prinzipielle Präferenz einer bestimmten Staatsform gegeben. Auch bei Keller ist «der Christ ein freier Herr aller Dinge und kann sich gewiß ebenso sehr verschiedener Staatsformen bedienen – warum nicht der monarchistischen oder demokratischen, sozialistischen oder faschistischen – wie verschiedener Gesellschaftsgebilde, um in ihnen den weltlichen Rahmen zu schaffen, denen er als Christ und als Glied der Kirche leben kann.» (Adolf Keller: Weltkampf zwischen Christentum und modernem Heidentum, in: ders.: Christentum im Kampf, Berlin 1937, 3–13, 5). Es ist notwendig, zwischen politischem System und funktionaler Differenzierung einer Gesellschaft zu unterscheiden.

eigentlicher Sündenfall und ihre ausgesprochene oder heimliche Kampfansage an das Christentum.

Damit sind die neuen Nationalreligionen aber auch zu bekämpfende *Gegen*religionen, gewissermaßen ideologische Inversionen, «eine Art Mimikry des Christentums»,[106] die systematisch die sozial-strukturellen Elemente desselben durch ihre eigenen ersetzen: Erziehung und Bildung, soziale Fürsorge, Umnutzung kirchlicher Gebäude. Im zwei Jahre später erschienenen *Church and State on the European Continent* bediente sich Keller weiterer psychologischer Kategorien und deutete den religiös-politischen Kampf in Europa *apokalyptisch* als Antagonismus von Mythos und Logos.[107] In beiden Werken Kellers steht insbesondere der zu jener Zeit schon aggressiv antichristlich auftretende Bolschewismus im Zentrum seiner Aufmerksamkeit.[108]

Kellers Gegenvorschlag ist typisch für seine Theologie. Er enthält nicht nur ein spezifisch theologisches Programm, sondern auch institutionelle Vorschläge und eine insgesamt politische Ausrichtung. «Es ist uns ein Kampf angesagt, der aufs Ganze geht. Wie werden wir ihn führen?»[109] Das Christentum muss, will es nicht untergehen, auf der ganzen Front zurückschlagen, allerdings mit seinen eigenen Waffen.

Das Gegenprogramm zielt damit nicht in erster Linie auf die Zurückschlagung des Gegners – obwohl Keller betont, dass er «gegen seine Ideologie, gegen seinen Mythus, gegen seine weltanschaulichen Konsequenzen, gegen seinen Anspruch, die Verkündigung der Kirche zu beeinflussen, die Erziehung restlos bis in die Gesinnung hinein zu gestalten, die Gewissen zu organisieren» gerichtet ist – sondern insbesondere auf die Wiederherstellung des Gleichgewichts zwischen Kirche und Staat. Es ist der «Totalitätsanspruch des Staates»,[110] entlang dessen die Frontlinie verläuft. Nur die klare Distinktion der Funktionsbereiche könne den inneren wie den äußeren Frieden der Nationen sichern. Dabei ist Keller durchaus offen für unterschiedliche Modelle der Beziehungsgestaltung, wie sich in den bereits genannten Werken wie auch in seinem 1937 erschienenen Vortrag über *Kirche und Staat im heutigen Europa*[111] zeigt, und den man auch mit dem Titel *Bilder einer Ehe* hätte überschreiben können. So ist nicht nur das abgemilderte Staatskirchentum der Weimarer Republik für Keller ein mögliches Modell, sondern auch die zivilgesellschaftliche Organisationsform der US-amerikanischen Kirchen wie

106 Keller, Weltkampf (wie Anm. 105), 5.

107 Keller, Church and State (wie Anm. 96), 32–34 u. ö.

108 Keller, Religion and Revolution (wie Anm. 94), 13 u. ö.

109 Keller, Weltkampf (wie Anm. 105), 6.

110 Keller, Weltkampf (wie Anm. 105), 8.

111 Adolf Keller: Kirche und Staat im heutigen Europa, in: Adolf Keller/Arthur Frey/Ludwig Köhler/Emil Brunner: Kirche und Staat. Vier Vorträge, Zürich 1937, 6–16.

letztlich auch der französische Laizismus, sofern er keine antireligiösen Aktionen des Staates erlaubt. Zu «Kampf und Streit»[112] kommt es hingegen dort, wo entweder der Staat religiös verklärt wird (wie im italienischen Faschismus)[113], er in offene religiöse Konkurrenz zum Christentum tritt, wie im Bolschewismus, oder dort, wo er die Kirchen zugleich politisch restrukturiert und weltanschaulich unterwandert wie in Deutschland.[114]

Der theologische Hintergrund der Kampfansage Kellers ist hier von Interesse. Es reicht nicht aus, ihn in die Reihe der «Dialektiker» zu stellen, zumal die ehemalige «Bewegung» bereits viel von ihrem Gruppencharakter verloren hatte. Vielmehr ist bereits deutlich geworden, dass die Theologie Kellers, insbesondere seine Ekklesiologie, sich aus unterschiedlichen Quellen speist und von einer spezifischen politischen Vision geprägt ist.

Ein Blick in *Religion and Revolution*, aber auch in Kellers 1943 erschienenes *Amerikanisches Christentum – heute*[115] verdeutlicht nicht allein, dass Keller eine sehr genaue Kenntnis der unterschiedlichen Strömungen innerhalb wie außerhalb der dialektischen Theologie hatte und diese seinen US-amerikanischen Hörern auch dazulegen wusste.[116] Er zeigt auch, dass seine Deutung und Darstellung der amerikanischen Theologien eine «dialektisch-theologische» Brille trägt. Dies bedeutet allerdings in Kellers Sinne, dass die kritische Spitze, die sich systematisch aus dem Gedanken der radikalen Transzendenz Gottes speist, beibehalten wird, während ihre handlungspraktische Konsequenz, die Verunsicherung bezüglich klarer Handlungsziele, verworfen wird.

Damit ist auch deutlich, dass Keller in keiner Form als «Barthianer» anzusprechen ist, wenngleich die persönliche und theologische Bedeutung Barths für Keller kaum hoch genug eingestuft werden kann.[117] Zwar sah sich Keller mit Barth in den 1930er Jahren etwa darin einig, die «natürliche Theologie» als theologische Gegenposition auszumachen. Und auch die von Keller bewusst mitbetriebene und sogar redigierte *Berner Erklärung* des SEK von 1934 folgt dem ursprünglich von Barth verfassten Text der Barmer Theologischen Erklärung.[118] Gleichwohl ist sich Keller auch mit den deutschen Lutheranern wie Paul Althaus oder selbst dem Systematiker der Deutschen

112 Keller, Kirche und Staat im heutigen Europa (wie Anm. 111), 11.

113 Keller, Kirche und Staat im heutigen Europa (wie Anm. 111), 13.

114 Keller, Kirche und Staat im heutigen Europa (wie Anm. 111), 11.

115 Adolf Keller: Amerikanisches Christentum – heute, Zürich 1943.

116 Vgl. Keller, Religion and the European Mind (wie Anm. 95), 22–136.

117 Einen Überblick über die Beziehung Kellers zu Barth gibt Marianne Jehle-Wildberger: Karl Barth und Adolf Keller. Geschichte einer Freundschaft, in: Theologische Zeitschrift 66/4 (2010), 355–380.

118 Vgl. dazu die Studie von Birger Maiwald: Ökumenischer Kirchenkampf. Die «Berner Erklärung» des Schweizerischen Evangelischen Kirchenbundes von 1934, Bern 1997.

Christen, Emanuel Hirsch, darin einig, dass mit «Barth pur» keine Ethik zu machen sei. Viel eher bewegt sich Keller mit seinem ethischen Anliegen in der Nähe Emil Brunners – zumal dessen Theologie sich auch in den USA als anschlussfähiger erwies.[119] Und ähnlich wie Brunner ist Keller auch auf der Suche nach einem menschlichen «Anknüpfungspunkt».

Emil Brunner hatte 1932 seine erste Ethik, *Das Gebot und die Ordnungen*, veröffentlicht.[120] Hier nahm er in systematischer Form Gedanken auf, die er bereits einige Jahre zuvor zu entwickeln begonnen hatte. Diese betrafen insbesondere die Korrelation göttlichen und menschlichen Handelns, etwa im Blick auf die Rechtfertigungslehre, die sich nicht in einen bloßen Multiperspektivismus auflösen ließ, sondern auf ontologische Realität – und damit auf Ethik – zielte. Neben der Rechtfertigungslehre stand für Brunner die Eschatologie, die, wie bei Keller, einen eminent praktischen Sinn darin hatte, dass sie die materialen Handlungsziele aus einer Vorstellung des Reiches Gottes als einem gesellschaftlichen Ideal bezog. Und wie bei Keller stand auch bei Brunner das Reich Gottes, obzwar eschatologische Vision, nicht nur in inhaltlicher, sondern auch in ontologischer, obschon gebrochener, Kontinuität zur kirchlichen Gegenwart.[121] «Ein Christ ist ein Mensch, der nicht nur auf das Reich Gottes hofft, sondern der darum, weil er darauf hofft, schon in dieser Welt etwas tut, was der, der diese Hoffnung nicht hat, nicht tut», konnte Brunner formulieren.[122]

Allerdings ist es die Vorstellung von der Form der kirchlichen Gegenwart, die Keller auch von Brunner unterschied. Während bei Keller die *institutionellen* Kirchen als Akteurinnen im Vordergrund standen, war es bei Brunner zunächst der einzelne Mensch, und, daran angeschlossen, eine Kirche, die sich je und je als «Gemeinschaft» konstituierte. Vor dem Hintergrund des jeweiligen ekklesiologischen Paradigmas werden auch die Differenzen hinsichtlich der Staatslehre deutlich. Keller war, anders als Brunner, kein Ordnungstheologe. Zwar sagt nicht bereits die Bemühung des Ordnungsbegriffs etwas über die Leistungskraft einer theologischen Ethik aus. Gleichwohl beinhaltet sie ein erhebliches theologisches Legitimationspotenzial substanzontologisch vorgestellter Entitäten oder Strukturen. Demgegen-

119 Keller, Amerikanisches Christentum – heute (wie Anm. 115), 16. Daher musste Keller auch die 1934er Kontroverse zwischen Barth und Brunner verwirren.

120 Emil Brunner: Das Gebot und die Ordnungen. Entwurf einer protestantisch-theologischen Ethik, Tübingen 1932.

121 Es ist das Verdienst Frank Jehles, auf die Vorgeschichte von Brunners erster Ethik in den unterschiedlichen und nur auf Englisch publizierten Vorträgen ausführlich einzugehen, die dieser Ende der 1920er, Anfang der 1930er Jahre in den USA und Großbritannien hielt, vgl. Jehle, Emil Brunner (wie Anm. 6), 241–252.

122 Brunner, Das Gebot und die Ordnungen (wie Anm. 120), 112.

über vertrat Keller nicht nur einen immer auch (im Blick auf ihre «Form») *funktionalen* Kirchenbegriff, sondern auch eine tiefenpsychologisch informierte und vor allem pragmatische Perspektive auf «den» Staat, die ihm allererst die Diagnose totalitärer Strukturen ermöglicht. Deren Opposition sind bleibend die «really democratic countries»[123] des «alten» Europa. Welches Bild genau Keller hier vor Augen stehen mag, ist nicht so erheblich wie die bleibende prinzipielle Bindung an ein demokratisches Ideal.

Allerdings geht Keller hier mit seinen tiefenpsychologischen Erkundungsgängen nicht davon aus, direkt etwas zur Rettung der menschlichen Seele beitragen zu können. Der Ansatz beim religiösen Bewusstsein erfolgt eher in kritischer Hinsicht, als Möglichkeit der Diagnose einer generellen Befindlichkeit, auf die die kirchliche Hilfspraxis ebenfalls einzuwirken habe, und die zudem von Kultur zu Kultur variiert. Die Quelle und das Zentrum der *Theologie* Kellers bildet auch in den 1930er Jahren die Wiederbelebung des «Geistes der Reformation», als dessen Prinzip Keller den Zugriff auf das Evangelium ausmacht. Allerdings stellen sich nun auch dem reformierten Keller die konfessionellen Differenzen – obschon etwas holzschnittartig – durch die jeweilige Perspektive auf Staatlichkeit in einem noch deutlicheren Licht dar als 1925. Anders als die lutherische ist die

> Reformed position […] more radically opposed to any attempt to find a synthesis between God and the world, to see God's Will anywhere else in nature or history than in Jesus Christ and His Gospel alone […] Calvinism has been led by its re-thinking of Church and State to a more independent and exclusive Church consciousness and to a more radical criticism of any attempt of the State to interfere in Church matters.[124]

Gleichwohl: Subjekt der Durchsetzung des göttlichen Willens in der Welt sind gerade für Keller keinesfalls die Reformierten allein, sondern die ökumenische Bewegung, die, in dieser apokalyptisch gedeuteten Zeit, für Keller selbst einen endzeitlichen (wie zugleich avantgardistischen) Charakter annimmt. Sie – und nur sie – ist

> that Divine unrest which is vibrating in all the Churches because they understand that the time has come for the Church when her unity in need, in suffering, in persecution, is opening the way towards that unity which they discover in listening to their one Lord and in trying jointly to do His Will.[125]

123 Keller, Church and State (wie Anm. 96), 31.
124 Keller, Church and State (wie Anm. 96), 348.
125 Keller, Church and State (wie Anm. 96), 364.

Es steht dem Nachgeborenen kaum an, die zeitgenössische theologische Interpretation der Ereignisse in den 1930er Jahren aus seiner kritischen Distanz heraus überlegen zu begutachten. Gleichwohl könnte gefragt werden, ob in Kellers Rhetorik nicht eine Überschätzung der politischen Möglichkeiten der Kirchen den Blick für eine nüchterne Bestandsaufnahme der Situation verstellt. Ob dem so ist, mag wiederum eine Frage der Interpretation sein. Klar ist jedenfalls, dass derjenige, der die psychologischen Mechanismen der Demagogie totalitärer Systeme eindrucksvoll klar zu deuten weiß, diese Mittel durchaus auch für seine Zwecke nutzbar machen könnte, insbesondere dort, wo es um das langjährige Ziel internationaler Verständigung auf (kirchen-)politischer Ebene geht. Keinesfalls sollte der Blick auf den Psychagogen Keller nun seinerseits verbergen, dass derselbe zugleich unermüdlicher Organisator kirchlicher Hilfsdienste und internationaler Handlungsreisender in Sachen *fundraising* für karitative Zwecke geblieben ist.

4 Zu Modernität und Aktualität Kellers

Adolf Keller war ein zutiefst moderner Theologe, dies war mein Eingangsvotum. Man könnte nun hinzufügen: ein *leidenschaftlich* moderner Theologe. Diese Modernität konkretisiert sich in mehrfacher Hinsicht, wie ich hoffe, gezeigt zu haben.

Erstens in der Modernität seiner theologischen Methode. Adolf Keller war ein Theologe der *Praxis*. Die theologische Begriffsbildung musste unter Rekurs auf psychologische, soziologische, ökonomische und politische Daten erfolgen und den Bestand einer bestimmten kirchlichen Praxis systematisieren. Zugleich hatte sie eine bestimmte moralische Praxis zum Ziel, die die Kirche als zivilgesellschaftlichen Akteur unter anderen vorstellig werden ließ.

Zweitens kommt Kellers «Modernität» in der Internationalität und Interkulturalität seines Lebens zum Ausdruck, die auch seine theologische Selbstwahrnehmung prägten, insofern er bei der Formulierung seiner eigenen theologischen Gedanken immer schon ihre Übersetzung in einen anderen kulturellen Kontext mitbedenken musste. Dadurch, so könnte man sagen, hatte Keller den «Blick des Anderen» gewissermaßen internalisiert. Es war insbesondere dieser ständige Zwang zur interkulturellen Perspektivenübernahme, der es Keller ermöglichte, konfessionelle wie theologische Schulgrenzen – auch innerhalb der dialektischen Theologie – zugunsten des von ihm vermuteten Weltauftrags der Kirche zu überwinden. Man kann dies Eklektizismus nennen. Und nicht zu Unrecht, denn gewiss kommt die eingehende systematische Reflexion manchenteils zu kurz. Man darf aber auch die praktische Zielsetzung dieser Theologie nicht unterschlagen, die jeweils den Zugriff auf systematische Elemente der theologischen Tradition oder Zeitgenossenschaft bestimmt.

Drittens konkretisiert sich Adolf Kellers Modernität in seinem Eintreten für eine solche Gesellschaftsordnung, die an der neuzeitlichen aber auch nochmals spezifisch modernen Unterscheidung von Religion und Politik festhält. Diesem Ziel müsste im Notfall auch durch das Unterlaufen dieser Grenzen von Seiten der Kirche, d. h. mit einer letztlich religiösen Politik begegnet werden. Allerdings immer unter der Maßgabe des aus «dem Evangelium» resultierenden Ziels des Liebesdienstes und der Völkerversöhnung.

Mit dem Stichwort «Evangelium» nehme ich nochmals Bezug auf einen Punkt, dem ich weiter oben den vorläufigen Titel «pragmatistischer Zirkel» gegeben habe und der darin bestand, dass die von Keller mehrfach der systematisch-theologischen Reflexion vorausgesetzte ökumeneweite Einigkeit über die ethische Botschaft des Evangeliums, wie sich ihm selbst unentwegt in der ökumenischen Praxis zeigte, keinesfalls bestand. Mit dieser Einigkeit, die Keller auch tatsächlich weniger in den ökumenischen Debatten als in der Koordination kirchlicher Hilfsarbeit aufsuchte, steht und fällt aber die systematische Kohärenz seiner Ekklesiologie. Zudem bringt die Verschiebung der Frage nach der «rechten» Bibelhermeneutik auf die gelebte Praxis Probleme eigener Art mit, die nun nicht so sehr methodischer oder dogmatischer Art sind, sondern in erster Linie die Logik der Verständigung betreffen. Hier kommt ein weiterer Punkt ins Spiel, der auch das Verhältnis von Rhetorik und Demokratie betreffen muss, und dessen Nennung dieser Würdigung zu einer zugleich kritischen Dimension verhelfen soll.

Kellers politische Ekklesiologie ist von einer bestimmten Vorstellung der Ordnung der gesellschaftlichen Weltöffentlichkeit geprägt. Zugleich damit sind Kontext und Verfahren der Theologie als Praxis der kirchlichen Selbstbesinnung nach Keller deutlicher geworden: das interkulturelle theologische Gespräch, das im ersten Schritt die wechselseitige Aufklärung des eigenen und die Kenntnisnahme des Kontextes der jeweils anderen Gedankenbildung beinhaltete, und das für Keller insbesondere im europäischen wie transatlantischen «Dialog» bestand. Erst im zweiten Schritt, gleichsam nachträglich, erfolgt dann, unter Zuhilfenahme unterschiedlicher einzelwissenschaftlicher Erkenntnisse, die Erarbeitung einer gemeinsamen Position mit praktischer Zielsetzung – die aber zugleich die Legitimationsbasis der bereits bestehenden Praxis abgeben soll.

Damit ist für Keller die Einsicht verbunden, dass die Rationalität der theologischen Gedankenbildung kontextuell verfasst ist. Oder, anders gesagt, dass die theologische Vernunft notwendig plural verfasst ist, und dass es auch das theologische Sprechen bleiben wird. Die Legitimation des Zugriffs auf das Evangelium und der kirchlichen Praxis wird damit dem interkulturellen und globalen theologischen Dialog anvertraut.

An die Stelle eines primär methodischen oder dogmatischen Diskurses würde damit als legitimierende Praxis ein Verfahren treten, das notwendig plural verfasst ist, und das sein kritisches Widerlager in einer übergeordneten Vorstellung von sozialer und globaler Gerechtigkeit hat. Die Regeln für dieses Verfahren gibt Keller allerdings nicht an. Ich vermute, aus dem Grund, dass er sie in den vielfältigen ökumenischen Gesprächen und Konferenzen bereits verwirklicht sah. Vielleicht aber auch aus dem Grund, dass er seine Aufgabe eher in der unermüdlichen Leistung von Überzeugungsarbeit für die «gute Sache» sah.

Die ökumenische Bewegung und ökumenische Theologie stehen heute an einer anderen Stelle. Die zunehmende Komplexität der Fragestellungen – die nicht zuletzt mit der wachsenden politischen Komplexität unter weltgesellschaftlichen Bedingungen zusammenhängen –, aber auch der zunehmende Einfluss von Ländern der so genannten «Dritten» oder auch «Ersten» Welt und die dadurch bedingte Vielstimmigkeit des ökumenischen Gesprächs, haben gezeigt, dass die Verständigung über gemeinsame Absichten zunehmend schwieriger wird. Angesichts dessen kann eine heutige ökumenisch orientierte Theologie keinesfalls unter Absehung von Regeln diskursiver Praxis vollzogen werden – insbesondere dann nicht, wenn «Demokratie» auch gleichberechtigte Partizipation an wertorientierten Diskursen ist. Damit ist auch die Notwendigkeit verbunden, die couragierte rhetorische Praxis Einzelner auf ihre Konsequenzen im Blick auf Fragen der Machtverteilung zu überprüfen.

Zugleich ist der gemeinsamen karitativen Praxis insbesondere durch ökologische Fragen die Notwendigkeit erwachsen, stärker auf die strukturellen Ursachen denn auf die Symptome lebensbedrohlicher Situationen zu blicken. In beiden, hier nur skizzierten Hinsichten bieten sowohl der psychologische Scharfsinn Kellers sowie seine disziplinäre Offenheit wichtige Impulse für die Gegenwart, die auch angesichts kritischer Anfragen und einer veränderten Aufgabenstellung den Blick auf ein beeindruckendes Lebenswerk offenhalten, das, angesichts auch seiner publizistischen Vielfalt, noch einige Überraschungen hervorbringen mag.

Marianne Jehle-Wildberger

Adolf Keller zwischen Carl Gustav Jung und Karl Barth

1 Einleitung

> Es schien mir manchmal, als scheiterte unsere [theologische] Arbeit an der Seelsorge. [...] Vielleicht ist es aber auch wirklich das Ende unserer Christlichkeit, dass wir hier versagen. Wir haben wieder predigen gelernt, wenigstens ein ganz klein wenig, aber Seelsorge?[1]

Es war Dietrich Bonhoeffer, der diese Frage im Jahr 1932 an seinen Schweizer Freund Pfarrer Erwin Sutz richtete. Predigen hatte Bonhoeffer von Karl Barth gelernt, nicht aber Seelsorge. Hier hätte er von Adolf Keller profitieren können, der umgekehrt selbst von Karl Barths Theologie Wichtiges aufgenommen hatte. Darüber hinaus verdankte Keller C. G. Jung viel Wissen über die Seele und über ihre Nöte. Als einer der Ersten erkannte er das Genie Barths und das Genie Jungs. Keller war ein geborener Brückenbauer, wie sein Wirken in der Ökumene zeigt. Er machte auch den kühnen Versuch, Barth und Jung miteinander in Beziehung zu setzen.

Während 27 Jahren war Keller Gemeindepfarrer, von 1896 bis 1923, zuerst in Kairo, dann auf Burg bei Stein am Rhein, später in Genf und zuletzt in Zürich. Predigt und Seelsorge waren seine Hauptaufgaben. Noch danach, als er in der Ökumene, in seinem Hilfswerk und beim Kirchenbund tätig war, verstand er sich als Prediger und Seelsorger, jetzt in einer weiten Gemeinde. Regelmäßig schrieb er Texte für die Tageszeitung *Der Bund*. In einer seiner *Weltlichen Andachten*, wie er seine Kolumne nannte, schrieb er 1929, kurz nach Ausbruch der Depression:

1 Dietrich Bonhoeffer an Erwin Sutz, 28.02.1932, in: Dietrich Bonhoeffer Werke, Bd. 11: 1931/1932, hg. v. Eberhard Bethge u. a., Gütersloh 1994, 65. Zum Ganzen vergleiche C. G. Jung und Adolf Keller, Über Theologie und Psychologie: Briefe und Gespräche, hg. von Marianne Jehle-Wildberger, Zürich 2014.

> Der sichere Mann […] baut sich ein sicheres Haus, gut mit Riegeln und Schlössern verwahrt. Er schafft sich eine sichere Stellung und dazu eine Art vorsichtiger Rückversicherung in der Wahl seiner Gattin. Er sichert seine Seele wohlbedacht gegen alle ungesunden Aufregungen. […] Nur keine Beschäftigung mit anspruchsvollen Menschen und Ideen! [Doch:] Das Vermögen schützt nicht mehr. Die Welt ist sehr respektlos geworden. […] Sicherer Mann, der Verlust dieser vermeintlichen Sicherheit ist vielleicht ein Gewinn […], ist gerade der Ausflug nach einer neuen Sicherheit, die […] aus der Welt eines Absoluten [stammt], aus der Gotteswelt, die diese Welt einschliesst und trägt samt dem unsicheren Menschenkind in ihrer Mitte.[2]

Dass der Mensch in Gefahr steht, die innere Unsicherheit zu überspielen, diese Erkenntnis verdankte Keller C. G. Jung. Bei «Welt eines Absoluten» hingegen denkt man eher an Karl Barth. Das wird noch deutlicher bei einem mit *Das ganz Andere* überschriebenen Text: Man stelle sich Gott zu menschlich vor, so Keller. Von sich aus könne der Mensch das Heil trotz aller Anstrengung nicht gewinnen. Das führe zur Verzweiflung. «In diese Not hinein», so wörtlich, «tönt die *Verkündigung*. Sie [sagt], dass von der Höhe her Gott dem Menschen entgegenkommt und ihm seine helfende Hand entgegenstreckt. Es ist eine frohe Botschaft, die nicht *wir* erfunden haben.»[3] Kellers *Weltliche Andachten* wurden in drei Büchern publiziert, die hohe Auflagen erreichten und in verschiedene Sprachen übersetzt wurden.[4]

Adolf Keller, geboren 1872, C. G. Jung, geboren 1875, und Karl Barth, geboren 1886, wuchsen in ähnlichen religiösen Milieus auf, nämlich in orthodoxen (respektive positiven) mit pietistischem Einschlag. Barth und Jung waren Söhne von Basler Theologen, Keller Sohn eines Schaffhauser Dorflehrers. Keller beschloss, in Basel Theologie zu studieren. Er wohnte im Alumneum. Mitstudenten waren Paul Wernle und Oskar Pfister. Die liberale Theologie, die damals an der Fakultät dominierte, verunsicherte Keller zunächst. Dem in frommen Basler Kreisen verschrienen Franz Camille Overbeck ging er aus dem Weg. Den gemäßigt liberalen Alttestamentler Bernhard Duhm wusste er wegen seiner großen Gelehrsamkeit aber zu schätzen.

Von einem Studienjahr in Berlin erhoffte sich Keller Klärung seiner Glaubensprobleme, fand sie aber nicht wirklich. Er bezeichnete Adolf von Harnack als brillant, fühlte sich aber mehr vom konservativen Adolf Schlat-

---

2 Xenos (griech.: der Gast = Pseudonym für Adolf Keller): Auf der Schwelle. Einsichten und Ausblicke in die tiefere Wirklichkeit, Zürich 1929, 76f.

3 Xenos, Auf der Schwelle (wie Anm. 2), 192f. Hervorhebungen durch Keller.

4 Xenos, Auf der Schwelle (wie Anm. 2); Adolf Keller: Vom Unbekannten Gott. Not und Hoffnung der Gegenwart, Gotha 1933, sowie ders.: Am Fusse des Leuchtturms …, Zürich 1940.

ter angezogen. Karl Barth studierte etliche Jahre später ebenfalls bei Harnack – und war begeistert. Widerwillig, und nur, weil sein Vater es wünschte, studierte er bei Schlatter, der jetzt in Tübingen lehrte.

In Berlin erhielt Keller erste Anstöße zu seinem späteren sozialen Wirken. Und: In Berlin lehrte Julius Kaftan (zuvor in Basel), der sich mit Gebieten beschäftigte, die man später als Religionspsychologie bezeichnete. Keller war angetan von Kaftans Theologie der Erfahrung. Mit der historisch-kritischen Methode war Keller erst gegen Studienabschluss einigermaßen versöhnt. Nach Basel zurückgekehrt, schloss er sich Paul Wernle an, der einen vermittelnden Weg zwischen den beiden theologischen Richtungen beschritt. Halbwegs damit zufrieden, sehnte sich Keller aber nach einem «Propheten»,[5] der einen theologischen Neuanfang machen und den Richtungskämpfen ein Ende setzen würde. Er behielt sein Interesse an der Theologie bei, wollte sich aber nicht der Wissenschaft, sondern der Praxis widmen.

2 Jung und Keller. Analytische Psychologie und Seelsorge

In seiner Zeit als Pfarrer auf Burg bei Stein am Rhein (1899–1904) knüpfte Keller Kontakte zur Psychiaterfamilie Binswanger, die in Kreuzlingen in zweiter Generation eine renommierte Klinik führte. Es beeindruckte ihn tief, dass Ärzte und Patienten in enger Gemeinschaft lebten und sogar gemeinsam aßen. Als Pfarrer in Genf studierte Keller neben der Gemeindearbeit an der Universität Psychologie bei Théodore Flournoy, der wie Sigmund Freud und C. G. Jung von der Medizin her kam. Keller als Seelsorger wollte mehr wissen über den Menschen. Jesus, sagte er in einer Predigt, nehme die «gelähmte Seele» des Menschen wahr, Jesus sei «Arzt der Seele».[6] – Jung war damals Psychiater an der Klinik Burghölzli in Zürich. 1907 lernten er und Keller sich kennen. Jung schrieb an Sigmund Freud: «Einen neuen Freund haben wir entdeckt in dem Genfer protestantischen Pfarrer Adolf Keller, der schon tüchtig in der Psychoanalyse arbeitet.»[7]

1909, nach dem Wechsel an St. Peter in Zürich, trat Keller dem Diskussionskreis um Jung bei und begegnete hier erneut Oskar Pfister, nun Pfarrer an der Predigerkirche jenseits der Limmat. Beide nahmen am dritten interna-

---

5 Von dieser Hoffnung schrieb Adolf Keller an Leonhard Ragaz, 01.05.1924, StAZ (Staatsarchiv Zürich) WI 67 103.2.

6 Predigt über Mk 2,3–12, 29.01.1915, NLAK (Nachlass Adolf Keller), Familienarchiv P. Keller.

7 Jung an Freud, 07.03.1909, in: Sigmund Freud – C. G. Jung. Briefwechsel, hg. v. William McGuire/Wolfgang Sauerländer), Zürich 1974, 231.

tionalen Psychiaterkongress von 1911 in Weimar teil. Dort zeichnete sich bereits der Bruch zwischen Freud und Jung ab. Pfister schloss sich Freud an. Keller entschied sich für Jung, da dieser mehr Verständnis für das Religiöse zeigte. Die beiden benachbarten Pfarrer blieben aber Freunde.

Als Konfirmand hatte sich Jung heftig mit seinem Vater über theologische Aussagen gestritten. Dieser vertrat nach außen eine strenge «Rechtgläubigkeit», die der Sohn aber für hohl, für ungelebt hielt. Ein Theologiestudium war deshalb, trotz etlicher Pfarrer auch in der Familie seiner Mutter, keine Option. Jung entschloss sich, Medizin zu studieren. In Vorträgen in der Studentenverbindung Zofingia vertrat er dann aber die Meinung, die exakten Naturwissenschaften hätten im Gegensatz zur neuen empirischen Psychologie gar nichts erklärt. Oft referierte er über literarische und philosophische Themen, mehr noch über Theologie, wobei er sowohl die orthodoxe als auch die liberale Richtung ablehnte. Hingegen bekundete er Sympathie für die Mystik und den Pietismus.[8] Später, als Psychiater, sprach er häufig vom «unendlichen Wert der Seele» (nebenbei: eine berühmte Formel Harnacks!).[9] Nach der Trennung von Freud geriet Jung in eine tiefe Krise. Er suchte seinen eigenen Weg, versenkte sich zu diesem Zweck in das eigene Unbewusste, fand Unheimliches neben Wunderbarem.[10] Gleichzeitig befasste er sich mit den Mythen verschiedener Religionen und entwickelte daraus die Lehre vom kollektiven Unbewussten und seinen Archetypen. In seiner Privatpraxis behandelte er jetzt vorwiegend Patienten mit Neurosen und Depressionen.

Keller war von 1913 an der einzige Theologe in Jungs Verein für Analytische Psychologie. Offenbar galt er zu diesem Zeitpunkt bereits als Experte für diese Materie, denn er erhielt den Auftrag, den Artikel über «Psychoanalyse» für die erste Auflage der RGG zu schreiben.[11] In Jungs Verein entwickelte er sich zu einem der aktivsten Mitglieder, gleichzeitig aber zum kritischsten. Seine Predigten enthielten eine stark seelsorgliche Komponente. Besonders zur Zeit des Ersten Weltkriegs ließ er zunächst den Ängsten der Predigthörer Raum, versicherte sie dann der Nähe Gottes, rief schließlich zu verantwortlicher Teilnahme an der Gesellschaft auf, konkret zur Hilfe an Kriegsopfer. Nicht nur Leute aus der Kirchgemeinde St. Peter, sondern aus ganz Zürich gehörten zu seinen Predigthörern. Sie suchten ihn auch in großer Zahl zur Einzelseelsorge auf. Er habe, schrieb er, zahllose

8 C. G. (Carl Gustav) Jung: Die Zofingia-Vorträge. 1896–1899, hg. v. Helga Egner, Zürich/Düsseldorf 1997, 42, 48 und 131f.

9 Adolf (von) Harnack: Das Wesen des Christentums, Leipzig 1900, 40f.

10 Siehe dazu: C. G. Jung: Das Rote Buch. Liber Novus, hg. u. eingel. v. Sonu Shamdasani, Düsseldorf 2009.

11 Adolf Keller: Psychoanalyse, in: RGG, Bd. 4, Sp. 1970–1973, Tübingen 1913.

Träume analysiert, um dem Problem der Hilfesuchenden auf den Grund zu kommen.[12] Es ging ihm u. a. um das Lösen alter schädlicher Automatismen.[13] Oft war er erfolgreich. Einmal suchte ihn eine Violinistin auf, die die eine Hand nicht mehr bewegen konnte. Kein Arzt hatte ihr helfen können. Es gelang ihm, die Verkrampfung zu lösen.[14]

Keller war nebenbei Gefängnisseelsorger: «Ich bin», schreibt er, «als Seelsorger neben manchem jungen Gefangenen in der Gefängniszelle gesessen und habe seiner Leidensgeschichte zugehört – eine dunkle Verkettung böser Gewalten, ein Gemisch von Gier, Zweifel, Selbstsucht und Sinnlichkeit.»[15] «Gesessen» und «zugehört» also, wie er es von Jung gelernt hatte! Der *Leidensgeschichte* zugehört: Im Gegensatz dazu scheinen damals etliche Pfarrer rasch von Sünde gesprochen zu haben, manchmal auch von Strafe Gottes.[16] Wohl als einer der Ersten forderte Keller die professionelle Begleitung entlassener Strafgefangener. Denn der Wiedereinstieg ins normale Leben sei schwierig.[17] Typisch für Keller war: Er verknüpfte Seelsorge mit sozialem Beistand.

Spätestens 1915 wurden Unterschiede zwischen der Analytischen Psychologie Jungs und der Seelsorge Kellers sichtbar: Jung ging es vorwiegend um die «Individuation»: Der Analysand sollte sein Selbst finden, sich selbst erkennen, seinen Schatten wahrnehmen. Das brauche Zeit. Letztlich würde sich das positiv auf die Gesellschaft auswirken.[18] Keller hingegen nutzte die Traumdeutung als Methode, um sein Gegenüber zu verstehen, um dann von der Gnade Gottes zu sprechen, was befreiend wirke und zu tätiger Nächstenliebe befähige. Mit Worten Kellers:

> Die christliche Seelsorge will dem Menschen helfen, indem sie ihn mit Gott konfrontiert. Die Analytische Seelenführung versucht das, indem sie ihn sich

12 Adolf Keller: Aus meinem Leben, Typoskript, Familienarchiv P. Keller, 61.

13 Keller an Leonhard Ragaz, 07.04.1918, StAZ 1918 WI 67. Ragaz war skeptisch hinsichtlich der Analyse.

14 Tina Keller-Jenny (Frau Adolf Kellers, Psychiaterin), vermerkt dieses Beispiel in: dies.: In memoria. Manuskript 1972, Familienarchiv P. Keller.

15 Adolf Keller: Vom religiösen Jugendunterricht, in: Gemeinde-Blatt der St. Petersgemeinde Nr. 4, 12. Jg. (1922), 2.

16 Siehe die Erfahrung Jungs mit einigen evangelischen Pfarrern, unten S. 98, und Jungs *Antwort auf Hiob*.

17 Adolf Keller: Schutzaufsicht für entlassene Gefangene, in: Gemeinde-Blatt Nr. 5, 5. Jg. (1915), 18f.

18 Jung an Keller, 05.11.1915, Handschrift, CH W (Winterthurer Sondersammlungen) Ms Sch 153/9.

selbst gegenüberstellt, wobei sie es [...] durchaus offen lässt, dass Gott dem Menschen in seinem tieferen Selbst entgegentritt.[19]

Keller sprach gerne von Pflügen, damit die Furche offen liege. Dann folge das Säen. Pflügen und Säen sind Begriffe, die auch Oskar Pfister verwendete. Die beiden Theologen begründeten das, was man heute Pastoralpsychologie nennt. – Übrigens plädierte auch Jung für die Zusammenarbeit von Psychiatern und Theologen bei der Heilung psychisch belasteter Menschen.[20]

Zwischen Kellers Seelsorge und dem Ökumenischen Institut im Schloss Bossey am Genfersee gibt es eine Verbindung: Eines Tages schickte Jung nämlich seine Patientin Edith Rockefeller McCormick zu Keller. Er solle sich ihrer annehmen. Die wohlhabende amerikanische Dame hatte zwei ihrer fünf Kinder verloren und litt in der Folge an einer Depression. Von 1913 bis 1921 lebte sie in Zürich, um sich von Jung analysieren zu lassen, was sich aber als schwierig erwies. Keller kümmerte sich während eines ganzen Jahres intensiv um sie. Oft weilte sie im Pfarrhaus an der Peterhofstatt 6. Keller nahm sie häufig mit auf seine Seelsorgebesuche, damit sie das «normale Leben», auch das ärmlicher Menschen und ihrer Nöte und Sorgen, kennenlernen könne, wovon er sich Heilsames versprach. Sie steckte ihm manche Geldnote zugunsten seiner bedürftigen Gemeindeglieder zu. Als Keller 1919 zu seinem ersten Amerikabesuch aufbrach, was den Beginn seines ökumenischen Engagements bedeutete, empfahl ihn Edith ihrem Bruder John D. Rockefeller jr. in New York. Keller versäumte es nicht, ihn aufzusuchen. Das Gespräch scheint sehr freundschaftlich verlaufen zu sein.[21]

Rockefeller, Chef der *Rockefeller Foundation*, war Mäzen zugunsten sozialer, kultureller und kirchlicher Werke. Auf Gesuch Kellers stiftete er 1925 und erneut 1927 große Summen für dessen *leadership programme*, das dem Austausch und der Weiterbildung von Theologen und kirchlichen Mitarbeitern und Mitarbeiterinnen armer osteuropäischer Kirchen diente. Das *programme* wurde neben Kellers Ökumenischem Seminar[22] zur Wurzel des Instituts Bossey – das nach dem Zweiten Weltkrieg dank Rockefellers großzü-

19 Adolf Keller: Analytische Psychologie und Religionsforschung, in: Die Kulturelle Bedeutung der Komplexen Psychologie, Festschrift zum 60. Geburtstag von C. G. Jung, hg. v. Psychologischen Club Zürich, Berlin 1935, 271–297, 297.

20 C. G. Jung: Psychoanalyse und Seelsorge [Zürich 1928/29], in: C. G. Jung GW (Gesammelte Werke) 11, Zürich 1963, 377f., sowie C. G. Jung: Die Beziehungen der Psychotherapie zur Seelsorge [Zürich 1932], in: GW 11, 355f.

21 John D. Rockefeller schrieb an Keller, 05.06.1919: «[...] I thoroughly enjoyed our talk together, only regretting it could not have been longer.» NLAK, Familienarchiv P. Keller, C 23.

22 Siehe dazu unten Anm. 23 und S. 97.

giger Spende entstehen konnte.[23] – Nachdem Keller an der Konferenz des Ökumenischen Rats von 1954 in Evanston teilgenommen hatte, schrieb ihm Rockefeller, der auch gerne dabei gewesen wäre:

> That men and women throughout the world who believe in things of the spirit are increasingly finding in the simple platform of love for God and a desire to follow in Christ's footsteps, a common basis for their lives, is most gratifying and encouraging.[24]

Doch zurück zur Seelsorge: Keller forderte die Pfarrer in Artikeln auf, die neuen Erkenntnisse über die Seele ernst zu nehmen.[25] Bei der Traumdeutung, schrieb er, stoße man wie von selbst auf das Gottesproblem. Das eröffne neue Dimensionen für die Verkündigung. Gegen religiöse Lebenslügen sei im Sinne Jungs anzukämpfen. Das Echo auf Kellers Aufrufe war gering, was er sehr bedauerte. Kellers Frau Tina Keller war Psychiaterin. In Übereinstimmung mit ihrem Mann schrieb sie kurz nach seinem Tod:

> Da in den überlieferten Kirchen etwas Wesentliches fehlte, wandten sich immer mehr Menschen in ihren Nöten an die Psychologie. [...] Doch es wird heute immer klarer, dass der Mensch auf der Suche ist nach einem Transzendenten [...]. Psychologie allein vermochte den Durchbruch zum Kontakt mit dem Transzendenten nicht zu bewirken, und das ist [es], was der Mensch dringend braucht.[26]

Im Kreis um Jung war Keller ein Außenseiter. Er verwarf sich anbahnende Verabsolutierungstendenzen und Selbsterlösungstendenzen gewisser Jungianer.[27] Zentraler Streitpunkt war die Gottesfrage. Lange vor dem Erscheinen von Barths *Römerbrief* verteidigte Keller den metaphysischen Wert des Christentums.[28] Jung seinerseits war skeptisch gegenüber der theologischen

23 Keller, der 1934 das Ökumenische Seminar ins Leben rief und leitete, träumte bereits 1936 von einem geräumigen Haus außerhalb der Stadt Genf, wo die Seminarteilnehmer zusammen leben und diskutieren könnten, in: Adolf Keller: The Third International Seminar in Geneva, Typoskript, Genf 1936, 6, Library WCC.

24 John D. Rockefeller an Keller, 23.08.1954, CH W Ms Sch 153/39.

25 Wichtig ist der Artikel: Adolf Keller: Zur Psychologie der unbewussten Prozesse, in: Kirchenblatt für die reformierte Schweiz Nr. 38 (1917), und Nr. 39 (1917), 150f.

26 Tina Keller: Wege inneren Wachstums für eingespannte Menschen. Aus meinen Erinnerungen an C. G. Jung, Separatdruck aus Wendepunkt 5–7, Erlenbach/Bad Homburg 1972, 34.

27 Keller kritisierte den Personenkult um Jung, wie dieser selbst ebenfalls: Jung an J. H. van der Hoop, 14.01.1946, in: C. G. Jung Briefe, Bd. 2, hg. v. Aniela Jaffé, Olten/Freiburg i. Br. 1972, 9.

28 So etwa laut Protokoll des Analytischen Vereins, 14.02.1913, Typoskript, Archiv des Psychologischen Clubs, Zürich.

Wissenschaft, plädierte aber für deren Duldung.[29] Er vertrat das Bild eines immanenten Gottes, schloss aber die Transzendenz nicht aus. Doch sei diese nicht erfahrbar.

1937 – Keller war zu diesem Zeitpunkt längst in der Ökumene tätig und wohnte wieder in Genf – hielt Jung in Yale Vorträge über *Psychologie und Religion*.[30] Sein Ausgangspunkt, sagte er, sei die Psychologie des *homo religiosus*. Bei seinen Patienten jenseits der Lebensmitte stelle er ausnahmslos ein religiöses Grundproblem fest. Er – Jung – sei Empiriker. Wenn er nach seinem Glauben gefragt werde, stehe er dazu.[31] Wer religiöse Erfahrung habe, sagte er, besitze einen großen Schatz, der «zur Quelle von Leben, Sinn und Schönheit» werde.[32] Er sei sich bewusst, dass die Rede von einem inneren Gott aus theologischer Sicht unzureichend sei. Der Theologie gestand er mit dieser Bemerkung also zu, über Gott auch noch anderes zu sagen. Jung verstand sich als Protestant, allerdings als einen am äußersten Rand. Doch teilte er Keller mit: «Ich bekämpfe die Rückständigkeit des Protestantismus. Ich will nicht, dass er die Führung verliert.»[33]

3 Barth und Keller und der *Römerbrief*

Damit zum jungen Karl Barth! Im September 1909 wurde er Vikar bei Keller in Genf. Zwar dauerte die Zusammenarbeit nur fünf Wochen, denn Keller war gerade im Begriff, nach Zürich zu wechseln. Doch es war eine intensive Zeit. Keller sei «ein ungemein reicher und vielseitiger Geist», schrieb Barth kurz darauf.[34] Und Keller sagte, Barth habe bei seinen Predigten die Zuhörer «in die Dringlichkeit des Gesagten» hineingetrieben.[35] Es war Keller, der 1913 Karl Barth und Nelly Hoffmann traute.

Einmal schickte Barth Keller aus Safenwil eine Predigt, die dieser gnadenlos zerpflückte: Die einfachen Arbeiter könnten sie unmöglich verste-

---

29 C. G. Jung: Einleitung in die religionspsychologische Problematik der Alchemie, 1943, in: ders.: Psychologie und Alchemie, GW 12, Zürich 2001, 15–54, 33.

30 C. G. Jung: Psychologie und Religion. Die Terry-Lectures, 1937, in: GW 11, Zürich 1963, 1–117.

31 C. G. Jung, Psychologie und Religion (wie Anm. 30), 47f. und 6.

32 C. G. Jung, Psychologie und Religion (wie Anm. 30), 116f.

33 Jung an Keller, ein bis einige Tage vor 21.03.1951, in: Archiv ETH, Nachlass C. G. Jung Hs 1056: 17 962a.

34 Barth an Wilhelm Spoendlin, 12.11.1909, in: Eberhard Busch: Karl Barths Lebenslauf nach seinen Briefen und autobiographischen Texten, 4. Aufl., Zürich 2005, 64.

35 Keller an Paul Walter, 10.06.1910, in: BAR (Bundesarchiv Bern) J. 2 257, 1989/211, Briefe Kellers 1909–1914.

hen.[36] Bei schwierigen Seelsorgefällen suchte Barth brieflich Kellers Rat.[37] Doch warf er ihm zugleich ein «Haschen nach Wind» vor.[38] Er befürchtete, dass Keller sich in der Psychologie verliere, was dieser bestritt, zu jenem Zeitpunkt aber wohl etwas an sich hatte.[39] Barth wollte «radikaler und konzentrierter Theologe» sein in einer Zeit, die gemäß seiner Sicht Gefahr lief, «‹in dem schauerlichen Sumpf der Psychologie des Unbewussten› zu versinken».[40] Umgekehrt warf Keller Barth vor, er verkenne den emotionalen Anteil des Denkens,[41] er verdränge die Mystik und die Sexualität, er drifte in eine gefährliche Einseitigkeit ab.[42] Und (wenn man an Barths weitere Lebensgeschichte denkt) hellsichtig: «Du wirst den Pendelschlag deines Wesens bis zu dem Punkte verfolgen müssen, wo er umschlägt, um die geflohene Richtung auch nachzuholen.»[43] Barth und Keller sagten sich ungeschminkt, was sie voneinander dachten. Ihr Kontakt scheint anschliessend an diesen Schlagabtausch, jedenfalls vorübergehend, eingefroren zu sein.

Ende 1918 erschien *Der Römerbrief*.[44] Keller stürzte sich darauf. Er schrieb Barth:

> Ich höre dir zu, ich lese deinen Römerbrief mit viel Gewinn, aber ich kann nicht mehr mit dir reden und muss warten, bis du vielleicht selber den Schlüssel wieder findest. [...] Deswegen kann ich dir doch auf einiges antworten [...]. Zunächst ist die Stellung der Psychoanalyse nicht mein Schibboleth.[45] [Doch:] Sie löst alte Bindungen und Scheinwahrheiten auf, [...] auch in der Religion. [In deinem Römerbrief habe] ich eine Reihe von Stellen angestrichen, [...] wo ich dir sagen wollte: eben das meinen wir [...]. Ich [...] bin dir herzlich zugetan, stehe dir auch, wenn ich auch nicht so mitstürmen muss, in manchem, gerade im Römerbrief, unendlich viel näher, als du weisst [...].[46]

---

36 Keller an Barth, 25.02.1915, KBA (Karl Barth Archiv Basel) 9315.21.

37 Siehe Karl Barth: Artikel (ohne Titel) zur schweizerischen Landesausstellung 1912 in Bern, unter Gruppe 44 IV Kirchenwesen, in: Karl Barth: Vorträge und kleinere Arbeiten 1909–1914 (GA II.22), Zürich 1993, 457–468, 466, Anm. 19.

38 Keller an Barth, 18.02.1916, KBA 9316.25. Keller zitiert aus einem nicht erhaltenen Brief Barths. Der erste erhaltene Brief Barths an Keller stammt von 1931, siehe unten S. 95.

39 Keller an Barth, 09.02.1915 und 18.02.1916, KBA 9315.15 und 9316.25.

40 Karl Barth: Sechzehn Antworten an Herrn Professor von Harnack (1923), in: Karl Barth: Offene Briefe 1909–1935 (GA V.35), Zürich 2001, 66.

41 Keller an Barth, 25.02.1915, KBA 9315.21.

42 Keller an Barth, 15.02.1916, KBA 9316.22.

43 Keller an Barth, 18.02.1916, KBA 9316.25.

44 Karl Barth: Der Römerbrief 1913, 1. Fassung, erschienen Weihnachten 1918, datiert 1919 (GA II.16), Zürich 1985.

45 = Erkennungszeichen.

46 Keller an Barth, 06.02.1920, KBA 9320.79.

Kritik an veräußerlichter Religiosität, respektive am Kulturprotestantismus, war auch ein zentrales Thema Barths.

Nach Kellers Meinung betonte Barth im *Römerbrief* die Transzendenz Gottes zu stark. Und doch sah er in Barth ein Stück weit den von ihm ersehnten Propheten! Unter gleichaltrigen Theologen – unter ihnen Paul Wernle, jetzt Professor in Basel – stand er damit so gut wie allein da.[47] Im Rückblick schrieb Keller, er sei der dialektischen Theologie großen Dank schuldig, sie habe ihn «aus der Vermischung der Theologie mit anderen Elementen endgültig herausgerissen und [ihm] wieder den Sinn für das Überweltliche der Botschaft Jesu Christi [...] geöffnet».[48] Seine Predigten seien objektiver, biblischer, transzendenzbezogener geworden.[49] Allerdings blieb Keller bei einigen seiner theologisch liberalen Ansichten, was Barth ihm gelegentlich vorwarf.[50]

Als Keller im Jahr 1919 in die Ökumene einstieg, machte er die dialektische Theologie in unzähligen Vorträgen und Artikeln als Allererster in europäischen Ländern und insbesondere in Amerika bekannt. Er litt darunter, dass Barth die ökumenische Bewegung – und in ihr besonders die amerikanischen Mitglieder – als oberflächlich abtat und auch den ersten Weltkongress von *Life and Work*[51] 1925 in Stockholm kritisierte.[52] Keller schrieb ihm: «Es ist einfach so, dass ohne die amerikanische Hilfe ein Teil Europas verhungert [...]. [Ich] glaube darin einen Hauch des Geistes Christi zu spüren.»[53] Nachdem sich Barth bei Keller über mangelnde Anerkennung des *Römerbriefs*[54] an der christlichen Studentenkonferenz von 1927 in Aarau beklagt hatte, tröstete ihn Keller: Er habe von Schotten, Engländern, Amerikanern, Holländern und Dänen viel Positives über den *Römerbrief* gehört.[55] Trotz Barths Ablehnung der Ökumene lasse er sich nicht in dem Gewinn an Gotteserkenntnis beeinträchtigen, den er ihm verdanke. «Ich kann ruhig warten,» so Keller, «wie der Römerbrief ja auch, bis eine gewisse Farbenblindheit von dir weicht

47 Keller an Emil Brunner, 27.05.1924, StAZ W I 55,25.

48 Keller, Aus meinem Leben (wie Anm. 12), 57f.

49 Keller, Aus meinem Leben (wie Anm. 12), 63.

50 Keller an Barth, 21.10.1939, CH W Ms Sch 152/21.

51 *Life and Work* = Ökumenische Bewegung für Praktisches Christentum. Sie suchte der Einigung der Kirchen durch gemeinsames Einstehen für Frieden und Gerechtigkeit näher zu kommen.

52 Barth an Georg Merz und Eduard Thurneysen, 04.10.1925, in: Karl Barth – Eduard Thurneysen Briefwechsel, Bd. 2, hg. v. Caren Algner, 371. Siehe unten S. 99.

53 Keller an Barth, 26.08.1921, KBA 9321.216.

54 Karl Barth: Das Halten der Gebote, 09.03.1927, Vortrag an der Studentenkonferenz in Aarau, München 1927.

55 Keller an Barth, 29.07.1927, KBA 9327.301.

[…].»[56] War es Zufall, dass 1930 Barth in Glasgow, Keller in Edinburgh fast gleichzeitig den Ehrendoktor erhielten?

1931 veröffentlichte Keller das Buch *Der Weg der dialektischen Theologie durch die kirchliche Welt*.[57] Er vertrat die These, dass die dialektische Theologie einen Standpunkt anbiete, der über dem des einzelnen Kirchentums liege. Sie versuche wie die ökumenische Bewegung, den Menschen nicht aus diesem oder jenem psychologischen oder theologischen Gesichtswinkel zu betrachten, sondern von Gott aus.[58] Wie die Ökumene sei auch die dialektische Theologie möglich geworden in einer bestimmten Zeitlage.[59] Dialektische Theologie und ökumenische Bewegung müssten zusammenstehen, gerade auch angesichts des wachsenden Nationalismus.[60] Barth antwortete: «Es wird dich wundern, aber es ist so: Ich habe beim Lesen deines Buches tatsächlich zum ersten Mal den Gedanken zu realisieren versucht, dass ökumenische Bewegung und dialektische Theologie etwas miteinander zu tun haben […]»; allerdings begrüße er «das gegenseitige Sich-Kennenlernen und Sich-Helfen der Kirchen» in der Ökumene.[61] Auf Kellers Vorschlag, die ökumenische Bewegung und die dialektische Theologie müssten gegen den Nationalismus zusammenstehen, ging Barth in diesem Brief nicht ein.

4 Barth und Keller im Gleichschritt gegen den Nationalsozialismus

Mit dem Machtantritt Hitlers wandelte sich die Beziehung zwischen Keller und Barth. Sie wurden zu engen Gesinnungsgenossen.

Jung sah zu Beginn im Geschehen in Deutschland einen zwar gefährlichen, aber gleichzeitig schöpferischen Ausbruch des kollektiven Unbewussten.[62] Spätestens von 1936 an betonte er allerdings mit Entschiedenheit ausschließlich die Gefahr, die vom Nationalsozialismus ausgehe, so auch in seinen *Lectures* von 1937 in Yale.[63] Barth jedoch sah praktisch von Anfang an

56 Keller an Barth, 21.09.1927, KBA 9327.401. Siehe dazu Karl Barth: Vorwort zu Der Römerbrief (zweite Fassung 1927), in: ders.: Der Römerbrief 1922 (GA II.47), Zürich 2010, 4.

57 Adolf Keller: Der Weg der dialektischen Theologie durch die kirchliche Welt. Eine kleine Kirchenkunde der Gegenwart, München 1931.

58 Keller, Der Weg der dialektischen Theologie (wie Anm. 57), 7f.

59 Keller, Der Weg der dialektischen Theologie (wie Anm. 57), 13–15.

60 Keller, Der Weg der dialektischen Theologie (wie Anm. 57), 179–181, 188f. und 202–204.

61 Barth an Keller, 01.12.1931, KBA 9231.381. – Erster noch erhaltener Brief Barths an Keller.

62 C. G. Jung: Zur gegenwärtigen Lage der Psychotherapie, in: Zentralblatt für Psychotherapie und ihre Grenzgebiete 7/1 (1934), 1–16.

63 Siehe Anm. 30.

nur Unheilvolles und Zerstörerisches im Nationalsozialismus. Keller teilte die Meinung Barths vollumfänglich, auch wenn er in seiner Haltung gegenüber seinen zwar nicht nationalsozialistischen, aber verunsicherten und verängstigten deutschen Freunden während der ersten Monate Zurückhaltung übte. In seiner grundsätzlichen Ablehnung des Nationalsozialismus wurde er bestärkt durch sein Wissen um das abgründig Böse im Unbewussten, das er wesentlich Jung verdankte – der paradoxerweise zu Beginn aber schwankte. Nicht allzu viele Theologen in Europa (und schon gar nicht in Übersee) teilten 1933 die dezidierte Meinung Barths und Kellers.[64]

Auf Herbst 1933 wurde Keller nach Princeton eingeladen, wo er die *Stone Lectures* halten sollte, und zwar über die kirchliche Situation in Deutschland. Auch an anderen theologischen Fakultäten der USA waren Vorträge geplant. Gerne hätte Keller vor der Abreise mit Barth gesprochen, wozu es aber nicht kam. Vom Schiff aus schrieb er ihm: «Nun ist ja allerdings deine *Theol. Existenz* ein deutliches Wort zur Lage, und ich werde mich darauf stützen.»[65] Aus Kellers Vorlesungen in Princeton entstand das Buch *Religion and Revolution*, das eine absolut originale Leistung darstellt: Keller bezeichnet den Nationalsozialismus, den italienischen Faschismus und den Bolschewismus als nationale Pseudoreligionen mit antichristlichem Charakter. Auch geißelte er bereits mit Entschiedenheit den Antisemitismus.[66]

Keller war der Verfasser der barthianisch geprägten *Berner Erklärung* des Kirchenbunds zur Lage in Deutschland vom März 1934.[67] Er schlug seinen Freunden in der Ökumene vor, als geistige Barriere gegen den Nationalsozialismus und zugunsten der Bekennenden Kirche ebenfalls solche theologische Erklärungen herauszugeben – leider ohne Erfolg. Hingegen trafen sich Barth und Keller im April 1934 in Paris und spazierten zu nächtlicher Stunde über die Champs-Élisées.[68] Wenige Wochen darauf, kurz vor Barmen, schrieb Barth aus Bonn an Keller: «Wenn du je den Rhein herunter- oder hinauffährst, so versäume ja nicht, bei mir hereinzuschauen.»[69] Nie standen sich die beiden näher! Keller freute sich ungemein, Barth 1935 für sein zweites Ökumenisches Seminar für junge Theologen aus verschiedenen Kirchen und verschiedenen Weltgegenden in Genf gewinnen zu können. Barth seinerseits

64 Gesinnungsgenosse war auch Leonhard Ragaz, der Barth und Keller an Schärfe sogar übertrat, siehe Neue Wege, 14.03. (1933), 124.

65 Keller an Barth, 23.10.1933, KBA 9333.799. – Karl Barth: Theologische Existenz heute, in: Vorträge und kleinere Arbeiten 1930–1933 (GA III.49), Zürich 2013, 271–363.

66 Adolf Keller: Religion and Revolution. Problems of Contemporary Christianity on the European Scene, New York/London/Edinburgh 1934.

67 Birger Maiwald: Ökumenischer Kirchenkampf. Die «Berner Erklärung» des Schweizerischen evangelischen Kirchenbunds von 1934, Bern 1997.

68 Keller an Barth, Barcelona, 29.04.1934, KBA 9334.471.

69 Barth an Keller, 22.05.1934, KBA 9234.171.

verglich Keller mit Martin Bucer, dem Ökumeniker der Reformationszeit.[70] Auch attestierte er Kellers Buch *Amerikanisches Christentum – heute* von 1943 gründliche Sachkenntnis und ausgewogenes theologisches Urteil.[71]

Anfang 1947 hielt Keller im Kreis um Jung einen Vortrag über die dialektische Theologie, worum man ihn möglicherweise gebeten hatte.[72] Zu seiner Erleichterung hatte Barth unterdessen die prononcierte Transzendenz Gottes, wie sie im *Römerbrief* begegnet, durch die Lehre von Jesus Christus, dem Mittler, gemildert. Mehr noch: Barth räumte jetzt, wie der Theologe und Psychologe Wolfgang Schildmann betont, die Möglichkeit der inneren Erfahrung Gottes ein, da man sonst ja den Heiligen Geist leugnen müsste.[73] Doch schrieb Jung ein halbes Jahr nach Kellers Vortrag:

> Es wäre mir tatsächlich eine grosse Überraschung, dass von Seiten der Dialektischen Theologie überhaupt etwas, was den Menschen praktisch interessieren könnte, kommen sollte. Es ist mir nicht gelungen, irgendein Verhältnis zu dieser Theologie zu finden, und es ist mir immer dunkel geblieben, worin denn eigentlich der Dialog bestehen soll.[74]

5 C. G. Jungs «Antwort auf Hiob»

1943 schrieb Keller an Jung: «Ich möchte dich gerne häufiger sehen […] in einer Berührung, die Lehrlingen des Sterbens angemessen ist.»[75] Keller wollte reinen Tisch machen. Er war nun 71 Jahre alt und im Begriff, sein Lebenswerk loszulassen. Er wollte mit Jung über Gott reden, so wie er jedem vernehmlich sei. Kurz nach diesem Brief Kellers erkrankte Jung schwer. Er ließ sich nur zögerlich auf Kellers Ansinnen ein. Erst 1951 schrieb er ihm: «Du darfst wirklich nicht annehmen, dass mir an deiner Freundschaft nichts liege.»[76] Beide hatten gerade einige gute Freunde verloren, Jung seinen Basler Jugendfreund Albert Oeri, Redaktor und Nationalrat, den auch Barth und Keller gut gekannt hatten. Jung lud Keller zu einem Gespräch in seinen Turm

70 Barth an Keller, 11.12.1943, KBA 9243.167.

71 Adolf Keller: Amerikanisches Christentum – heute, Zollikon 1943. – Barth an Keller, 11.12.1943, KBA 9243.167.

72 Adolf Keller: Das Anliegen der Dialektischen Theologie, 12.01.1947, Zusammenfassung in: Jahresbericht des Psychologischen Clubs 1946/47, Zürich, 29f.

73 Wolfgang Schildmann: Karl Barths Träume. Zur verborgenen Psychodynamik seines Wirkens, Zürich 2006, 275.

74 Jung an Walter Uhsadel, 12.07.1947, in: C. G. Jung Briefe, Bd. 2, 89.

75 Keller an Jung, 21.05.1943, ETH Hs 1056: 10 500.

76 Jung an Keller, ein bis einige Tage vor 21.03.1951, ETH Hs 1056: 17 962a (wie Anm. 33).

in Bollingen ein, was als großes Privileg galt. Sie kamen sich, wenn nicht theologisch, so doch menschlich wieder näher.

Kurz darauf sandte Jung Keller das Manuskript seines Buchs *Antwort auf Hiob* zur Einsichtnahme.[77] Jahwe, schrieb Jung, sei ungerecht, amoralisch, gehe grausam um mit Hiob. Er schreibe bewusst unverblümt, und zwar aus seiner Erfahrung mit vielen Patienten heraus, so Jung im Vorwort des Manuskripts. Diese, darunter auch einige evangelische Pfarrer, hielten ihre psychischen Leiden offenbar für eine Strafe Gottes und zürnten ihm deshalb.[78] Jung machte sich zum Sprachrohr dieser Patienten, obwohl er sich eigentlich klar war, dass es im biblischen Buch Hiob um ein archaisches Gottesbild und seinen Wandel geht. – Kellers Reaktion war vorsichtig.[79] Als guter Seelsorger wollte er den verletzlichen Jung nicht vor den Kopf stoßen. Er bedauerte aber die Schärfe mancher Passagen und verhehlte nicht, dass sich Jung neben die christliche Tradition setze. Er schlug ihm ein Gespräch vor der allfälligen Drucklegung vor.[80] Ob es dazu kam, ist nicht eruierbar. Jedenfalls ist die gedruckte Version gegenüber dem Manuskript leicht gemildert.[81]

Jungs *Hiob* erregte großes Aufsehen. Karl Barth, der sich verschiedentlich mit Hiob auseinandergesetzt hatte, schrieb:

> *Antwort auf Hiob* […] ist ein menschlich sehr ergreifendes Dokument – nebenbei höchst aufschlussreich zur Psychologie der berufsmässigen Psychologen! –, leidet aber als Beitrag zur Erklärung des biblischen Hiob und der Bibel überhaupt nun doch hoffnungslos darunter, dass der Verfasser bei seiner Abfassung nach seiner eigenen Erklärung «ungescheut und rücksichtslos» seinem sehr merkwürdigen «Affekt» das Wort gelassen hat, in welchem er unmöglich ruhig lesen und bedenken konnte, was da steht […].[82]

Unter Alttestamentlern löste Jungs *Hiob* Anerkennung aus für seine Beschäftigung mit der Bibel, jedoch durchwegs Kritik an seiner Interpreta-

---

77 Das Typoskript von Jungs *Antwort auf Hiob* liegt bei der Stiftung der Werke von C. G. Jung, Mainaustr. 35, Zürich.

78 Siehe dazu oben, S. 89.

79 Keller an Jung, 17.08.1951, ETH Hs 1056: 17 623. – Ob Jung eigentlich Bernhard Duhm gelesen habe, fragte ihn Keller einige Jahre später. Offensichtlich war das nicht der Fall. Im Text und in den Anmerkungen zu *Antwort auf Hiob* figuriert kein einziger Name eines Alttestamentlers; Jung schrieb vorwiegend intuitiv.

80 Keller an Jung, 17.08.1951, ETH HS 1056: 17 623.

81 C. G. Jung: Antwort auf Hiob, GW 11, Zürich/Stuttgart 1963, 385–506. Allerdings heißt es auch noch in der gedruckten Version, Jahwe sei zornig und eifersüchtig (393).

82 Karl Barth: Die Lehre von der Versöhnung. Dritter Teil, Erste Hälfte, Kirchliche Dogmatik IV,3 1. Hälfte, Zollikon 1959, 444.

tion.[83] Jungs *Antwort auf Hiob* regte bei ihnen aber einen Prozess des Nachdenkens an, insbesondere über die Theodizee.

6 Feuer und Wasser?

1946 schrieb Keller Barth zum 60. Geburtstag:

> Du hast uns allen soviel gegeben […]. Ein Anderer füllte dir Herz und Kopf, damit du das alles prophetisch sagen konntest. […] Mit einer geschenkten Scharfsichtigkeit sahst du, wo wir noch erst mühsam […] unseren Weg suchen mussten […]. Deine Konsequenz und dein Sinn für Unterscheidung und Kampf hat dich auch bewahrt vor dem, was manchen irenischen Naturen leicht passierte, vor dem falschen Frieden, vor der Anpassung und der Camouflage […]. So wurdest du ein wirklicher Führer, weil du keiner sein wolltest, sondern Führerschaft da liessest, wo Gott sie hingestellt hatte.[84]

Barth schrieb Keller nach der Gründung des Ökumenischen Rats in Amsterdam von 1948: «Ich bin mir wirklich nicht bewusst, Stockholm schlecht gemacht zu haben (ihr alten Ökumeniker seid *entsetzlich* empfindliche Leute!).»[85] Im letzten erhaltenen Brief Barths von 1956 hingegen steht:

> Weisst du, es bewegt mich zu sehen, wie es dir gelungen ist, über die für nicht wenige andere so unüberwindliche Generationenhürde hinweg – kühn dich hinwegsetzend! – zu solch offener und warmer Würdigung meines bisherigen Lebens- und Arbeitsversuchs zu kommen. […] Und bis ich dann auch auf meinen späteren Wegen so, «mild und freundlich» wurde, wie du es mir […] nachrühmst, hat es ja lange Zeiten gebraucht. […] Hast du selbst nicht gelegentlich eine von mir empfangene Streifschusswunde zu beklagen gehabt?[86]

Es war eine schwierige, aber echte, da auf gegenseitiger Ehrlichkeit basierende, Freundschaft.

Dasselbe lässt sich von der Freundschaft zwischen Keller und Jung sagen, die sich wie bei Barth über ein halbes Jahrhundert hinzog. Keller versicherte Jung: «Wenn ich mein Leben überschlage […], so hast du deinen festen Platz, und der bleibt dir, auch wenn ich mich selbstverständlich nicht auf

---

83 Siehe beispielweise Hans Wildberger: Das Hiobproblem und seine neueste Deutung, in: Hans Heinrich Schmid/Odil Steck (Hg.): Hans Wildberger: Jahwe und sein Volk. Gesammelte Aufsätze zum Alten Testament, München 1979, 9–27.

84 Keller an Barth, 10.05.1946, KBA 9346.536.

85 Barth an Keller, 29.03.1949, KBA 9243.77. – Siehe oben S. 94 und Anm. 52.

86 Barth an Keller, 20.05.1956, KBA 9256.146.

demselben Sitz niederlassen kann […].»[87] Und Jung schrieb im letzten Brief, nach Ausbruch von Kellers zum Tode führender Krankheit: «Ich bin erschüttert und bestürzt. […] Aber in unserem Alter haben wir ja gelernt, allerhand Schicksalen intrepida mente ins Gesicht zu schauen und alles Gute und Hilfreiche höheren Mächten anzuvertrauen.»[88]

Barth und Jung scheinen sich wie Feuer und Wasser gegenüber gestanden zu haben. Sie trafen sich nie. Und doch gab es viele Gemeinsamkeiten: Basler Familie, ähnliche religiöse Sozialisation, beide begeisterte Zofinger, Sensibilität, kombiniert mit dem typischen Basler Witz, beide mit weitem Geist und hoher Kreativität. Sowohl Jung als auch Barth hatten neben der Ehefrau eine langjährige enge Beziehung zu einer zweiten Frau. Beide waren Väter von fünf Kindern. Beide konzentrierten sich in ihrer Arbeit auf den einmal eingeschlagenen eigenen Weg, Jung vielleicht noch mehr als Barth. Beide waren Pioniere in ihrer Wissenschaft. Vor allem: Beide wandten sich gegen oberflächliche Religiosität. Sie hatten das Bild eines mächtigen Gottes vor Augen, wenn auch beim einen eines primär transzendenten, beim anderen eines primär immanenten.

7 Der Auftrag der Kirche

In der Pionierhaftigkeit (und dies auf verschiedenen Gebieten) glich Keller Jung und Barth. Doch er hatte einen anderen Charakter und ein anderes Ziel. Er suchte stets das Verbindende. Bei aller Betonung seiner Unabhängigkeit und immer auch aus einer gewissen Distanz heraus bewunderte er beide, Barth und Jung. Deshalb sein hartnäckiges Bemühen, sie einander näher zu bringen! Es ging ihm um das physische, psychische und geistige Wohl der Menschen. Und da hatten nach seiner Meinung beide etwas zu sagen. Sein Versuch scheiterte. Vielleicht war er ein zu früh Gekommener.

Kellers Versuch, Jung und Barth einander näher zu bringen, ist lediglich das hervorstechendste Beispiel seiner sonstigen Vermittlungsbemühungen, angefangen beim Brückenbau zwischen Deutschschweiz und Romandie zur Zeit des Ersten Weltkriegs, zwischen den schweizerischen Kantonalkirchen, zwischen den verfeindeten Ländern Europas, zwischen den amerikanischen und den europäischen Kirchen, zwischen den christlichen Konfessionen, zwischen der dialektischen Theologie und der Ökumene, zwischen den Weltreligionen, zwischen Arm und Reich. Er setzte sich für die Gleichberechtigung von Mann und Frau ein. Bezeichnenderweise wurde sein Hilfswerk,

87 Keller an Jung, 06.02.1951, ETH Hs 1056: 17 610.
88 Jung an Keller, 03.04.1958, ETH Hs 1056 26 303a.

die Zentralstelle, in *Inter-Church Aid* umbenannt, im Komitee saßen Geber und Nehmer nebeneinander. Geben und Nehmen, so Keller, sei etwas Gegenseitiges. Typisch war auch, dass er bei den Flüchtlingen aus dem nationalsozialistischen Deutschland, die ihn in großer Zahl aufsuchten, gegen den damaligen Usus nicht zwischen Juden, Christen, «Judenchristen» und Atheisten unterschied und auch nicht zwischen politischen und apolitischen. Entscheidend war die Not.

Keller war fähig, Versöhnungsarbeit zu leisten, weil er den Kontakt zu den Menschen suchte, weil er zuhören konnte, weil er sich in Menschen und ihre unterschiedlichen Meinungen hineinzudenken verstand, sich sein eigenes Denken aber stets vorbehielt. Man hat ihn deshalb manchmal als unentschieden oder sogar als illoyal etikettiert. Das war er nicht. Der amerikanische Schriftsteller Thornton Wilder schrieb ihm einmal, er wolle ihn sehen, denn: «There are so many important matters on which you are a ‹sage›.»[89] Für Wilder war Keller also ein Weiser.

Der Auftrag der Kirche lautet der Titel dieses Buchs. Ginge es nach Adolf Keller, so müsste ein wissenschaftlich betriebenes Bibelstudium und intensives Nachdenken über Gott und die Gottesbilder, über Transzendenz und Immanenz, in jeder Generation neu die Kernaufgabe der Kirche sei. Zur Theologie auf höchstem Niveau müsste – und das wäre ihm ebenso wichtig – das Nachdenken über die Welt und über den Menschen kommen. Staat, Gesellschaft, Wirtschaft und Kultur müssten Themen sein. Die Kirche müsste eine prophetische Haltung einnehmen, wie das auch Barth sagte und was Keller mehrfach gegenüber Jung betonte. Und er würde bestimmt – mit Jung und gegen Barth – sein besonderes Anliegen, die Wichtigkeit der Seelsorge, herausstreichen. Keller sagte einmal: «Wenn die Seelsorge die Seele besser kennt, wird sie ebenso sehr eine bessere Führerin zu Heil und Leben sein, als wenn sie Gott besser kennt.»[90]

89 Thornton Wilder an Keller, 31.03.1946, CH W Ms Sch 153/71.

90 Keller, Analytische Psychologie und Religionsforschung, 297 (wie Anm. 19).

Dagmar Heller

Das Ökumenische Institut Bossey als Erbe Adolf Kellers

Wenn heute über die Geschichte des Ökumenischen Instituts Bossey gesprochen wird und über dessen Gründung, dann steht meistens der Name Willem A. Visser 't Hooft im Vordergrund. Ich denke, es ist der Verdienst von Hans-Ruedi Weber, darauf hingewiesen und festgehalten zu haben, dass im Hinblick auf die Idee eines solchen Instituts Adolf Keller eine vermutlich größere Rolle gespielt hat als allgemein angenommen. Weber schreibt in seiner Geschichte des Ökumenischen Instituts Bossey: «The first to envisage something like the later Ecumenical Institute was the Swiss Reformed theologian Adolf Keller.»[1] Wie die Ideen Adolf Kellers im Konzept des Ökumenischen Instituts bis heute aufgenommen und weiterentwickelt worden sind, das soll in diesem Vortrag aufgezeigt werden.[2]

Ich habe deshalb den Titel meines Vortrages bewusst zweideutig formuliert: *Das Ökumenische Institut Bossey als Erbe Adolf Kellers*. Das Wort «Erbe» hat bekanntermaßen zwei Bedeutungen. Es kann «*das* Erbe» bedeuten und meint dann die hinterlassene Erbmasse eines Verstorbenen, oder «*der* Erbe» und bezeichnet dann die Person oder Institution, die die Hinterlassenschaft erbt.

Das Ökumenische Institut Bossey ist – im Hinblick auf Adolf Keller – in einem gewissen Sinne beides: Es verkörpert einen Teil der Ideen Adolf Kellers, also etwas, das er der Welt hinterlassen hat, und es ist etwas Eigenstän-

1 Hans-Ruedi Weber: A Laboratory for Ecumenical Life. The Story of Bossey 1946–1996, Geneva 1996, 12.

2 Damit steht mein Vortrag in einem gewissen Gegensatz zu W. A. Visser 't Hooft, der – laut Marianne Jehle-Wildberger – darauf beharrte, «dass Bossey nicht die Fortsetzung von Kellers Seminar sei […]» (Marianne Jehle-Wildberger: Adolf Keller [1872–1963]. Pionier der ökumenischen Bewegung, Zürich 2008, 494, Anm. 378). Der damit aufgeworfenen Frage nach dem Verhältnis zwischen Visser 't Hooft und Keller kann hier jedoch nicht weiter nachgegangen werden.

diges, eine Institution, die die Ideen von Adolf Keller geerbt und weiterentwickelt hat.

1 Adolf Kellers Idee

Zunächst geht es in meiner Betrachtung also um die «Erbmasse», die Idee, die Adolf Keller im Hinblick auf ein ökumenisches Institut entwickelt hat.

Im Wirken Kellers finden sich gewissermaßen zwei Stränge, die als Vorläufer für das heutige Ökumenische Institut Bossey gesehen werden können: Keller war von 1919 bis 1939 Leiter der Europäischen Zentralstelle für kirchliche Hilfsaktionen[3] und hatte in dieser Funktion 1925 das so genannte *leadership programme*[4] geschaffen. Es ging dabei darum, in der katastrophalen Lage nach dem Ersten Weltkrieg vor allem in den protestantischen Kirchen in Osteuropa neue kirchliche Führungspersönlichkeiten heranzubilden. Das Programm ermöglichte mittellosen Studierenden, mit Hilfe von Stipendien in einem fremden Land und an einer Fakultät einer anderen Konfession zu studieren. Zweierlei ist an diesem Programm bemerkenswert: Es sah «scholarships for enabling students to study in foreign countries»[5] vor. Damit steht hier früher als in vielen anderen kirchlichen Ausbildungsprogrammen der ökumenische Aspekt im Vordergrund, die Idee nämlich, Fremdes kennenzulernen und im jeweiligen Kontext zu studieren als Teil der Ausbildung von Theologen. Zum anderen hatte das Programm nicht nur die Ausbildung von Theologen im Blick, sondern gleichzeitig diejenige von Laien, nämlich, wie Keller schreibt «social workers, deaconesses, evangelists, ‹levites›, education of deaconesses and parishsisters for countries as Yougoslavia, where such work is nearly unknown or just beginning.»[6]

Der zweite Vorläufer-Strang – vermutlich der wesentlichere – ist in Kellers Tätigkeit für die gezielte Schulung von zukünftigen Trägern der ökumenischen Bewegung zu sehen: Wie in den wenigen biographischen Abrissen, die es über Adolf Keller gibt, praktisch überall hervorgehoben wird, ist eine seiner bemerkenswerten Aktivitäten die Einrichtung ökumenischer Sommerkurse in Zusammenarbeit mit der theologischen Fakultät der Universität

3 Die Rolle, die Keller bei der Gründung dieses Hilfswerkes spielte, wird an anderer Stelle gewürdigt. Vgl. Jehle-Wildberger, Adolf Keller (wie Anm. 2), 183–258.

4 Jehle-Wildberger, Adolf Keller (wie Anm. 2), 203.

5 Adolf Keller: Our new programme, in: Hands Across the Sea 3 (1925), 79f., zitiert nach Jehle-Wildberger, Adolf Keller (wie Anm. 2), 203.

6 Dieses Zitat beweist, dass Keller nicht ausschließlich Theologen im Blick hatte, sondern kirchliche Mitarbeiter allgemein.

Genf in den Jahren 1934–1938. Das klingt heute nicht ungewöhnlich, war aber damals eine große Neuerung.

Keller war von 1926 bis 1930 der Leiter des Internationalen Sozialwissenschaftlichen Instituts in Genf, das 1926 aus der Bewegung für Praktisches Christentum (*Life and Work*) hervorgegangen war[7], und übernahm dann bis 1932 die Abteilung für Bildung des provisorischen Ökumenischen Rates für Praktisches Christentum. Er war gleichzeitig beigeordneter Generalsekretär des Fortsetzungsausschusses von *Life and Work*. Außerdem war er seit 1928 Privatdozent an der Universität Genf.

Zum ersten Mal scheint Keller die Idee zu einem ökumenischen Institut zu äußern im Jahr 1928 in einem Brief an Ralph W. Brown, den Generalsekretär der Bewegung für Glauben und Kirchenverfassung (*Faith and Order*). Er antwortet auf dessen Bitte um Ideen für seine Arbeit und schreibt: «It should be considered whether the churches should not found an ecumenical Institute with the tasks prescribed above.»[8] Bei «the tasks described above» denkt er vor allem an Kurse zu Kirchenkunde, die er für notwendig hält, weil er erkannt hat, dass auf den ersten Weltkonferenzen wie derjenigen in Lausanne 1927 viele Protestanten beispielsweise zum allerersten Mal der anglikanischen Position begegnet sind und umgekehrt. Unter «Kirchenkunde» versteht er deshalb ein Fach, das er gewissermaßen selbst «erfunden» hat. Es handelt sich um ein Fach, in dem es nicht nur um die verschiedenen dogmatischen Unterschiede zwischen den Kirchen und um Wege zu deren Überwindung geht, sondern auch um «Information über die Probleme der Kirchen heute in den verschiedenen Ländern» und um die Frömmigkeit der verschiedenen Kirchen.[9] Der Vorschlag, zur Förderung dieser Art von Kenntnissen ein Institut zu gründen, wurde von *Faith and Order* zwar nicht aufgenommen, aber 1930 richteten Brown und Keller gemeinsam einen Brief an alle theologischen Fakultäten der nichtkatholischen Welt, in welchem sie vorschlugen, Studierende in die theologischen Probleme der Ökumene einzuführen.[10] Da jedoch *Faith and Order* wegen Geldmangels bald darauf sein Büro schließen musste, konnte diese Initiative nicht weitergeführt werden.

Keller entwickelte schließlich selbst diesen Gedanken fort. Bereits in Zürich hatte er 1926 einen Kurs «Kirchenkunde» unterrichtet.[11] In seinem Werk *Der Weg der dialektischen Theologie durch die kirchliche Welt* (1931) beschreibt er das Fach genauer.

---

7 Vgl. Jehle-Wildberger, Adolf Keller (wie Anm. 2), 285f.
8 Jehle-Wildberger, Adolf Keller (wie Anm. 2), 330.
9 Jehle-Wildberger, Adolf Keller (wie Anm. 2), 330.
10 Jehle-Wildberger, Adolf Keller (wie Anm. 2), 330.
11 So seine eigene Aussage in dem genannten Brief an Ralph W. Brown.

> Es handelt sich um die gegenseitige Aufschließung der eigentlich treibenden Kräfte in anderen Kirchen und ihrer Theologie [...]. Sie kann nicht nur Ekklesiologie sein im bisherigen Sinne und Leben und Struktur einer einzelnen Kirche darstellen. Sie ist auch nicht bloss Konfessionskunde oder Symbolik oder Religionssoziologie der Gegenwart. Sie bezieht vielmehr Fragen in ihren Interessenkreis ein, die erst mit der gegenseitigen Kenntnis und Auseinandersetzung entstehen [...]. Eine vergleichende Kirchenkunde wird versuchen, das konstitutive Prinzip einer Kirche, ihr Werden und Wirken zu verstehen aus der Besonderheit eines Gottesverhältnisses heraus, aus einem besonderen Ruf an sie [...].[12]

Diese Überlegungen führten dann auch zur Organisation eines ökumenischen Seminars an der Universität Genf. Wie Keller schreibt, stammt «der Plan zu einer solchen Schule [...] aus der Vortragstätigkeit des Generalsekretärs für Werbearbeit.»[13] Dieser «Generalsekretär» ist er selbst: Keller war vom Ökumenischen Rat (gemeint ist der Vorläufer des ÖRK) beauftragt worden, «vor allem durch akademische und literarische Arbeit die ökumenische Bewegung in den verschiedenen Kirchen zu fördern und die gegenseitigen Beziehungen der Kirchen zu pflegen».[14] In diesem Sinne verstand sich Keller gewissermaßen als «Missionar»[15] für die ökumenische Sache und entwickelte eine intensive Vortragstätigkeit, die ihn zu verschiedenen orthodoxen und anderen Kirchen führte. In diesem Rahmen führte er z. B. in Bukarest in Zusammenarbeit mit Vertretern der dortigen orthodoxen Kirche eine erste Studienkonferenz durch. Er hielt Vorträge am orthodoxen Institut St. Serge in Paris, in Budapest und Debrecen, in Prag, Holland, England und Amerika.[16] Aber «er sah ein, dass blosse Reisevorträge nicht genügen, um in den einzelnen Ländern diese Werbearbeit tiefer und sachgemäss in das kirchliche Bewusstsein einzuwurzeln».[17] Zu diesem Zweck entwickelte er die Idee eines Ökumenischen Seminars, die er schon 1928 der theologischen Fakultät der Universität Genf vorlegte und ein Jahr später dem Exekutivausschuss des Ökumenischen Rates für *Life and Work*.

---

12 Adolf Keller: Der Weg der dialektischen Theologie durch die kirchliche Welt, München 1931, 5, zitiert nach Jehle-Wildberger, Adolf Keller (wie Anm. 2), 331.

13 Adolf Keller: Die heutige Mission der Oekumenischen Bewegung. Das Oekumenische Seminar in Genf, 1934, Broschüre – Bericht an den Ökumenischen Rat für Praktisches Christentum, Typoskript, 11.

14 Keller, Die heutige Mission (wie Anm. 13), 1.

15 Keller, Die heutige Mission (wie Anm. 13), 1. Auf S. 7 spricht er von «missionarischer Tätigkeit [...], die der Weckung und Förderung des ökumenischen Gedankens in vielen Kirchen und Ländern diente.»

16 Vgl. Keller, Die heutige Mission (wie Anm. 13), 7–10.

17 Keller, Die heutige Mission (wie Anm. 13), 11.

> Der Zweck des Seminars sollte sein, die Probleme der ökumenischen Bewegung zu studieren, eine ökumenische Kirchenkunde durch persönliche Berührung und Kenntnis eines anderen Kirchenwesens zu ermöglichen, an der Bearbeitung aktueller Aufgaben der ökumenischen Bewegung mitzuwirken, dadurch eine ökumenische Gesinnung zu pflanzen und künftige Leiter der Werbearbeit in den einzelnen Kirchen vorzubereiten, die gleichzeitig besonders befähigte, einen Verkehr mit dem Institut zu pflegen.[18]

Der Plan wurde von der theologischen Fakultät in Genf wie auch vom Exekutivausschuss des Ökumenischen Rates befürwortet. Aber das Ganze konnte noch nicht, wie ursprünglich geplant, 1932 beginnen, sondern – wegen der amerikanischen Krise –, erst 1934. Aus finanziellen Gründen war das Projekt allerdings nur in einer redimensionierten Form zu verwirklichen: Keller hatte an ein permanentes Seminar gedacht, schließlich kam es nur zu jeweils dreiwöchigen Sommerkursen, die in Genf veranstaltet wurden. «Das Seminar sollte von Anfang an den Charakter einer wissenschaftlich hochstehenden post graduate Schule einnehmen.»[19] Die Organisatoren – nämlich Keller, der Dekan der theologischen Fakultät Auguste Gampert und Willem A. Visser ′t Hooft – hatten hochrangige Gastdozenten motiviert, wie z. B. Eugène Choisy von der Universität Genf, Martin Dibelius von der Universität Heidelberg, Arvid Runestan von der Universität Upsala, Emil Brunner von der Universität Zürich und andere.

Ziel war erstens «Study of contemporary tendencies of theological thought in the Churches of various nations», und zweitens «Study of the principles and problems of the ‹Ecumenical› Movement».[20] Zulassungsbedingung war ein «Bachelor of Divinity». Die Kursgebühr betrug 25 Franken plus 6 Franken für Kost und Logis pro Tag. Für einige Studierende gab es Stipendien von der Zentralstelle. Für den ersten solchen Kurs schrieben sich 33 Studierende ein, vorwiegend aus europäischen Ländern: den Niederlanden, Russland, Rumänien, Polen, Tschechoslowakei, Großbritannien, Kanada, USA, Schweiz, Deutschland. Im Hinblick auf die konfessionelle Herkunft der Studierenden handelte es sich um Protestanten, Anglikaner, Orthodoxe und Altkatholiken. In seinem Bericht *Die heutige Mission der ökumenischen Bewegung* hebt Keller hervor:

> Mehrere Kirchen hatten eine hochwertige Delegation von Teilnehmern an das Seminar entsandt. Das theologische Niveau der meisten Teilnehmer,

18 Keller, Die heutige Mission (wie Anm. 13), 11.

19 Keller, Die heutige Mission (wie Anm. 13), 12.

20 Prospekt: International Theological Seminar under the auspices of the Autonomous Faculty of Theology of the University of Geneva, 1934, 2, zitiert nach Jehle-Wildberger, Adolf Keller (wie Anm. 2), 336.

worunter sich auch Pfarrer, ein Lizenziat und Studiendirektor sowie jüngere Dozenten befanden, war ungewöhnlich hoch und entsprach dem Wunsche, das Seminar von vornherein auf einem höheren akademischen Niveau zu beginnen.[21]

Die Lehrenden waren eine Gruppe von 12 bekannten Dozenten, darunter auch ein Orthodoxer vom orthodoxen Institut in Paris.

Thematisch wollte man «das ökumenische Problem von verschiedenen Seiten her»[22] angehen: biblisch, kirchenkundlich, sozialethisch. Methodisch wurden Vorlesungen mit Seminaren und Gesprächsgruppen kombiniert. Daneben besuchten die Teilnehmer die internationalen Einrichtungen in Genf, u. a. den Völkerbund. Ort der Veranstaltungen waren Räumlichkeiten in der Universität Genf, aber auch im YWCA und im ökumenischen Zentrum.[23] Unterrichtssprachen waren Englisch, Deutsch und Französisch.

In der Auswertung des ersten Kurses bemerkt Keller im Hinblick auf die Zukunft:

> Die Aufstellung des Programms muss ausgehen von grundsätzlichen biblischen und systematischen Zentralfragen, die die Grundlage der ökumenischen Bewegung bilden. Ausserdem gehört die Darstellung der Geschichte und allgemeinen Problematik der [sic!] Oekumenismus ebenfalls ins Zentrum des Seminars. Dazu kommt ökumenische Kirchenkunde, die Behandlung sozialethischer aktueller Fragen und in besonderen Einzelseminarien die Mitwirkung an der Forschungsarbeit des Instituts. Dadurch kann auch eine Verbindung mit den ökumenischen Arbeitsgemeinschaften und Studienkonferenzen der einzelnen Kirchen vorbereitet werden.[24]

Keller hatte weiterhin die Idee, ein permanentes Seminar einzurichten. Außerdem fand er

> die Aufgaben, die dem Seminar zukommen, würden stark gefördert werden können durch die Einrichtung eines parallelen Seminars in Amerika. Die beiden Seminarien würden in regelmäßigem Austausch stehen. Das amerikanische Seminar wäre eine Pflanzschule für ökumenische Kirchenkunde und Zusammenarbeit und könnte an die religiösen Abteilungen der Columbia University angegliedert werden […]. Mit dem Bestehen eines amerika-

21 Keller, Die heutige Mission (wie Anm. 13), 13.
22 Keller, Die heutige Mission (wie Anm. 13), 13.
23 Vgl. Keller, Die heutige Mission (wie Anm. 13), 13.
24 Vgl. Keller, Die heutige Mission (wie Anm. 13), 14.

> nischen Seminars würde auch die Auslese der amerikanischen Professoren, die sich für das Seminar anbieten, leichter durchzuführen sein [...].[25]

Und er denkt auch an ein solches Seminar «im Gebiet des orthodoxen Ostens», das «orthodoxen Bedürfnissen und Verhältnissen angepasst» sein müsse, «um die Probleme der ökumenischen Bewegung in die eigentliche Studienarbeit der orthodoxen Theologie hineinzutragen»[26]. Allerdings war er realistisch genug, um die reale Möglichkeit dafür als relativ gering einzuschätzen.

In ähnlicher Weise fanden solche Sommerkurse auch in den beiden folgenden Jahren statt, 1935 erstmals unter finanzieller Beteiligung des Ökumenische Rates für *Life and Work*. Als berühmtester Dozent war diesmal Karl Barth gewonnen worden, für 1936 Paul Tillich und der Japaner Toyohiko Kagawa, sowie Reinhold Niebuhr. Unter den Studierenden waren diesmal auch Japan und Südafrika als außereuropäische und außeramerikanische Länder vertreten. Innerhalb Europas bereicherten Studierende aus Ungarn, Finnland und Jugoslawien den Kurs. Es gab 85 Einschreibungen, von denen allerdings aus finanziellen Gründen nicht alle die gesamte Zeit über bleiben konnten. Als besonderen Gewinn für die Kirchen hebt Keller hervor:

> Da das Seminar für junge Theologen nicht nur eine einzigartige Gelegenheit bietet, Leben und Denken anderer Kirchen durch massgebende Vertreter kennen zu lernen, sondern sie auch in die besondere ökumenische Arbeit einführt, sind die Kirchen nachdrücklich auf die Möglichkeiten hinzuweisen, die sich daraus ergeben. Auf diese Weise können jene ökumenischen Mitarbeiter innerhalb ihres Gebietes gefunden werden, die aus einer Kenntnis der Problematik heraus und aus praktischer Berührung mit der ökumenischen Zentrale in Genf imstande sind ökumenische Arbeit in ihrem eigenen Lande fortzusetzen oder aufzubauen.[27]

In seinem Bericht über das dritte Seminar von 1936 schreibt Keller u. a. «Es erscheint als wünschenswert, dass die theologische Arbeitsgemeinschaft während der Zeit des Seminars auch in einer Lebensgemeinschaft zur Durchführung komme.»[28] Keller denkt aber auch immer noch an solche Seminare in Amerika und im orthodoxen Osten, sowie an die

> Organisation von ähnlichen regionalen Seminarkonferenzen, die in den verschiedenen Ländern von der Zentrale aus, unter Mitwirkung der ökumeni-

25 Vorschlaege fuer die Fortsetzung des oekumenischen Seminars in Genf, in: Keller, Die heutige Mission (wie Anm. 13), Anhang, 3.

26 Ebd.

27 Adolf Keller: Zweites Ökumenische Seminar in Genf, Typoskript, 1935, 5.

28 Adolf Keller: Drittes Ökumenisches Seminar in Genf, Typoskript, 1936, 9.

> schen Kreise jener Kirchen organisiert werden können. Es hindert auch nichts, dass das Oekumenische Seminar einmal nicht in Genf, sondern in Holland oder in England oder Deutschland, oder auch im Osten abgehalten würde, oder dass, falls einmal genügend Mittel vorhanden wären, ein Reise-Seminar eingerichtet würde, mit dem besonderen Blick auf ökumenische Kirchenkunde.[29]

Keller versteht das Seminar als

> Pflanzschule von ökumenischen Mitarbeitern […], die den ökumenischen Geist und die Probleme der ökumenischen Bewegung an der eigentlichen zentralen Arbeitsstätte kennen lernen, aber sodann in ihren Ländern und Kirchen für die ökumenische Bewegung arbeiten, nicht nur aus einer vagen Begeisterung heraus, sondern auf Grund einer wirklichen Einführung in die vorliegenden Probleme.[30]

1937 fand kein eigentliches Seminar statt aufgrund der im selben Jahr stattfindenden Weltkonferenz für *Life and Work* in Oxford, zu der aber 100 junge Leute eingeladen wurden, die der Konferenz als Besucher folgten. Ein letztes Sommerseminar fand 1938 in Genf statt. Hier nahm zum ersten Mal auch ein katholischer Teilnehmer, ein Benediktinermönch, teil.[31] Aufgrund des Zweiten Weltkriegs wurde die Durchführung des Seminars ab 1939 unmöglich. Laut Jehle-Wildberger führte Keller das Ökumenische Seminar während des Krieges in Amerika ein.[32] Immerhin aber wurde 1943 eine *Semaine d'Etudes Oecuméniques* in Genf für Studenten an schweizerischen Fakultäten durchgeführt. Dabei waren die Mehrzahl Nichttheologen. Unter den Dozenten finden sich hier u. a. Frère Roger Schütz und Suzanne de Diétrich, die später am Ökumenischen Institut Bossey wirkte.

2 Was daraus wurde

Ich war im ersten Teil meines Vortrages bewusst an manchen Stellen sehr ausführlich, aber dies allein deshalb, weil ich beim Lesen des Materials immer wieder erstaunt war, wie sehr Kellers Ideen heute immer noch eine Rolle spielen im Ökumenischen Institut Bossey – oft allerdings ohne dass jemand realisiert, dass dies alles schon einmal da war.

---

29 Keller, Drittes Ökumenisches Seminar in Genf (wie Anm. 28), 10.

30 Keller, Drittes Ökumenisches Seminar in Genf (wie Anm. 28), 10.

31 Jehle-Wildberger, Adolf Keller (wie Anm. 2), 344.

32 Jehle-Wildberger, Adolf Keller (wie Anm. 2), 345. Leider finden sich dort keine weiteren Referenzen!

Ich möchte das kurz skizzieren:

1946 wurde unter der Ägide von Willem A. Visser 't Hooft das Ökumenische Institut Bossey gegründet. Er hatte bereits als Dozent bei den Genfer Sommerseminaren Adolf Kellers mitgewirkt und war daher mit der Idee vertraut. Als er noch gegen Ende des Krieges zu Gesprächen mit kirchenleitenden Persönlichkeiten in New York war, traf er auch den damaligen Millionär John Rockefeller, der mehr von ihm hören wollte über die ökumenischen Pläne, die Visser 't Hooft vorgestellt hatte. Obwohl in den Sitzungsprotokollen des Ausschusses für den Ökumenischen Rat 1945 nirgends etwas zu finden ist über den Plan eines ökumenischen Instituts, muss Visser 't Hooft John Rockefeller gegenüber solch einen Plan erwähnt haben. Und dieser schien offenbar sehr überzeugend,[33] denn Rockefeller schickte ihm daraufhin eine Million Dollar, wovon die Hälfte für ein Ökumenisches Institut bestimmt war.

Interessant ist, dass in den Anfängen des Instituts tatsächlich zwei permanente Dozenten vor Ort waren, nämlich der Direktor Hendrik Kraemer und Suzanne de Diétrich. Zusätzlich wurden für die ersten Kurse Dozenten von aussen herangezogen, darunter auch Adolf Keller. Die Studierenden lebten zusammen – alles etwa so, wie Keller es schon zehn Jahre zuvor vorgeschlagen hatte. Man kann sagen, dass die ersten Jahre gewissermaßen Jahre des Experimentierens waren. Anders als in Kellers Genfer Seminaren, bot man im ersten Jahr Kurse für Laien an. Aber bereits im zweiten Jahr wurden auch junge Pastoren und Theologiestudenten eingeladen. Es handelte sich zunächst um Trainingskurse von zweieinhalb Monaten. Aber bald wurde vorgeschlagen, sich stärker auf theologische Ausbildung zu konzentrieren, die auch längere Kurse von einem ganzen Semester beinhalten sollte. Ab 1950 wurde dann die Idee einer *graduate school* verfolgt, die ursprünglich ein einsemestriges Aufbaustudium für Theologen beinhaltete, sowie eines für Mediziner, eines für Juristen usw. Es blieb aber dann bei der *graduate school* für Theologen, die gemeinsam mit der Universität Genf aufgebaut wurde.[34]

Ich kann hier nicht die gesamte weitere Geschichte des Instituts Bossey nachzeichnen. Ich will nur kurz hervorheben, wo heute die Ideen von Adolf Keller umgesetzt sind:

Seit mehr als sechzig Jahren steht im Zentrum der Arbeit des Ökumenischen Instituts ein fünfmonatiger Aufbaukurs in ökumenischen Studien, der Theologiestudierenden bzw. Pfarrern und Pfarrerinnen aus der ganzen Welt und aus allen kirchlichen Traditionen als eine *post graduate school* offen steht.

33 Vgl. Willem A. Visser 't Hooft: Die Welt war meine Gemeinde. Autobiographie, München 1972, 226.

34 Weber, A Laboratory for Ecumenical Life (wie Anm. 1), 50f.

Es handelt sich um einen einsemestrigen Kurs, der im Wintersemester in enger Zusammenarbeit mit der Protestantischen Fakultät der Universität Genf stattfindet. Um die Teilnahme daran auch wirklich Menschen von überall her zu ermöglichen, hat Bossey einen eigenen Stipendienfonds. Dazu kommt ein permanenter Dozentenstab mit derzeit sechs Personen, die ebenfalls aus verschiedenen theologischen Traditionen stammen wie aus verschiedenen kulturellen Kontexten. Derzeit handelt es sich um einen rumänisch-orthodoxen, einen römisch-katholischen und einen presbyterianischen Theologen aus Rumänien, Nigeria und Brasilien sowie drei Theologinnen mit methodistischem, *evangelical* und lutherischem Hintergrund aus Togo, Indien und Deutschland. Ich denke, das sind die idealen äußeren Bedingungen, von denen Keller immer träumte! Ein weiterer Faktor sind kürzere Sommerseminare zu aktuellen ökumenischen Fragen, die nicht auf Theologinnen und Theologen beschränkt sind.

Wo aber noch deutlicher wird, dass Bossey Erbe der Ideen Adolf Kellers ist, ist das Grundkonzept: Der Lehrinhalt kreist um die zentralen Fragen der ökumenischen Bewegung und deren Geschichte; er wird auf akademischem Niveau in Zusammenarbeit mit der Protestantischen Fakultät der Universität Genf vermittelt. Eine zentrale Stellung haben das Bibelstudium, die theologischen Fragen, die die Kirchen – immer noch – trennen, sozialethische Fragen und Fragen der Mission. Und Grundlage ist das *gemeinsame* Lernen in einer lebendigen Auseinandersetzung, die im Alltag einer täglichen Lebensgemeinschaft der Studierenden stattfindet. Das tägliche Gebet ist ein praktisches Übungsfeld, in dem sich ökumenische Haltung und ökumenisches Denken in der Praxis bewährt. Und sowohl auf der Seite der Studierenden als auch auf der Seite der Dozentinnen und Dozenten sind die Orthodoxen wie auch die Katholiken ein fester Bestandteil dieses Gesamten. Die Arbeit des Ökumenischen Rates der Kirchen wird den Studierenden durch Vorträge von dort beschäftigten Kollegen und Kolleginnen nahe gebracht. In einschlägigen Seminaren werden spezielle ökumenische Fragen bearbeitet. Der Kurs wird durch schriftliche Arbeiten und durch mündliche Prüfungen evaluiert. Die Studierenden erhalten Zertifikate der Universität Genf.

Dabei ist natürlich auch einiges anders als zu Zeiten von Adolf Keller, und neue Elemente sind dazu gekommen: Ich denke z. B. daran, dass heute die Mehrzahl der Studierenden aus dem globalen Süden kommt. Außerdem wird inzwischen außer dem traditionellen Wintersemester auch ein einjähriger Kurs angeboten, der zu einem Abschluss als *Advanced Master of Ecumenical Studies* führt. Ich denke auch daran, dass weitere Themen hinzu gekommen sind wie z. B. die Frage des interreligiösen Dialogs, der das Institut inzwischen ein drei- bis vierwöchiges Sommerseminar widmet, das Christen, Juden und Muslime zusammenführt.

Manche Ideen Kellers stehen nach wie vor im Raum, aber ließen sich nicht oder noch nicht realisieren. Ich denke z. B. an die Idee, die immer wieder an das Institut herangetragen wird, Kurse zu ökumenischen Fragen in den verschiedenen Ländern anzubieten.

Dass Bossey tatsächlich eine «Pflanzschule ökumenischer Mitarbeiter» geworden ist, zeigt ein Blick in den Werdegang vieler Absolventen der *graduate school*. Es gibt darunter Patriarchen und Bischöfe, viele Ökumenereferenten und -dozenten sowie viele, die Mitarbeiterinnen und Mitarbeiter im Ökumenischen Rat oder in anderen ökumenischen Einrichtungen wurden oder derzeit noch sind.

Ich möchte mit folgender Bemerkung schließen: Obwohl die ökumenische Bewegung inzwischen über 100 Jahre alt ist und die Kirchen sich gegenseitig inzwischen besser kennen als damals, ist es zwar erstaunlich, dass ein Institut wie Bossey immer noch gebraucht wird. Aber die Erfahrungen ehemaliger Studierender[35] machen deutlich, dass es nach wie vor einen wichtigen Faktor der ökumenischen Bewegung darstellt: Als Labor (wie es Hans-Ruedi Weber genannt hat), in dem Menschen verschiedener Herkunft das ökumenische Miteinander in einem *safe space* ausprobieren können, und als Ort, an dem man in tiefgehender Weise die jeweils anderen kennenlernen kann. Die Idee einer «Kirchenkunde» – auch wenn wir es nicht so nennen – wird im Lehrplan von Bossey m. E. in der bisher vollkommensten Form verwirklicht. Und dass die verschiedenen christlichen Traditionen sich nicht aus Lehrbüchern wirklich kennenlernen, sondern nur in der lebendigen Begegnung, – das alles scheinen mir Kernpunkte des Erbes Adolf Kellers zu sein, das bisher nur in Bossey in derartiger Nähe zu seinen Ideen verwirklicht wurde.

35 Vgl. z. B. die Broschüre: A Place to Remember. The Ecumenical Institute at Bossey, http://www.oikoumene.org/en/press-centre/news/APlacetoRemember.pdf (Stand: August 2016).

Natasha Klukach

Ecumenism Then and Now Discerning the Legacy of Adolf Keller

1 Introduction

It is an honour to be with you for this symposium today. You have received the greetings from the General Secretary of the World Council of Churches, the Rev. Dr Olav Fykse Tveit. Let me reiterate his regrets at not being with you, as I know he has a vested interest in Adolf Keller's contributions to the ecumenical movement. Dr Tveit has asked me to offer a presentation in his place, always a daunting task, but it has been a pleasure for me to reflect upon both this early period in the modern ecumenical movement as well as this fascinating figure, just as I and others of my generation stand poised at a new stage in our common ecumenical journey. To know who we are today, to know who we might become, demands an understanding of the people and times that have shaped our history and I thank you for the opportunity of sharing some thoughts with you.

The topic I was given by Dr Tveit was *Ecumenism Then and Now,* rather an enormous scope! I have further qualified the presentation to be *Discerning the Legacy of Adolf Keller*. Throughout the presentations today you have explored the various interests and efforts of Keller as he engaged with the potentials and possibilities for church life, particularly in the landscape post WWI. I shall not attempt to capture the nuances of his work, which you have discussed at length today. Rather, my presentation will seek to highlight just some of the significant and salient features of Keller's contributions. I will then use the bulk of my presentation to speak of the contemporary context as I see it, offering particular emphasis on the changing landscape; conciliar ecumenism; and the World Council of Churches' work on unity, particularly related to the new unity statement to be considered at the upcoming assembly in Busan, Korea. Throughout the discussion of today's ecumenical realities, I hope to detect where Keller's early voice and vision has resonance today.

2 The Significance of Adolf Keller[1]

Ecumenists have always had to be adept at reading the signs of the times. The dynamic and changing nature of both ecclesial and global realities motivates and determines the potential for *koinonia* and *diakonia*. We cannot understand the importance and impact and consequence of Christian unity or of common witness and service if we do not understand what and who lies around us.

Keller's perception of the catastrophic conditions in Europe following WWI coincided precisely with his evolving theological outlook. His appreciation of the scale of urgent need and the particular placement of the Swiss churches to be agents of reconciliation and service is a reflection of his sense of the Christian vocation, namely that Christians are called to be intermediaries between the church and the needs of the world. Just as his read of the European context galvanized him to action, his discernment of the ecclesial landscape suggested conditions were present for a mediation of ecclesiastical differences.

Keller saw both that a narrow focus on doctrine, specifically one that overshadows the diaconal ministry of the church, and rigid denominationalism were conditions that were not responsive to the realities of his day. His comprehensive agenda of church unity, mission and *diakonia* is demonstrated in the first decades of the Federation of Swiss Protestant Churches by the impulses he gave for the formation of the Swiss Association for the Home Mission and Protestant Welfare and the Conference of Swiss Aid Associations as well as the Social Affairs Committee.

In reading and responding to the signs of the times, Keller laid the groundwork for a robust understanding of *diakonia*. Working on the formation of the Central Bureau for Relief, he established a firm appreciation of the link between mutual solidarity, reconciliation and peace. His instance on an inter-denominational and multi-lateral approach towards inter-church aid

---

1 Scholarship on Adolf Keller is deeply indebted to the recent biography by Marianne Jehle-Wildberger, and further to its English translators, who have expanded access to this valuable resource. The biography not only offers insight about Keller and his outstanding contributions to the ecumenical movement, but in fact details the early developments in ecumenical life. See Marianne Jehle-Wildberger: Adolf Keller. Ecumenist, World Citizen, Philanthropist, trans. Mark Kyburz with John Peck, Eugene (OR) 2013.

was a decisive step forward. It marked the following decades of ecumenical *diakonia* and paved the way for other forms of ecumenical cooperation.

Moreover through his understanding of *diakonia* he was in part responsible for the articulation of the qualities of justice that must be present for, even define, the call to unity. For Keller, the diakonal impulse was so strong that he supposed that the cooperation between churches on the problems of the world would offer potential for fellowship and unity more efficiently and effectively than a focus on theological matters of division. Justice, for Keller, depended on community, community not defined by race, socio-economic status, ethnicity or geographic location. His stress on community shines through his influence on the Federation of Swiss Protestant Churches and on the foundational premises of Life and Work.

It was not enough for the churches to claim the values of *diakonia* and reject rigid denominationalism. Public political advocacy was further part of Keller's vision. Paradigmatic for his holistic understanding of what it means to be church in the world, of unity and public witness, was his early critique of fascism in Germany coupled with his support for the confessing church and his struggle for Jewish refugees in Switzerland who were very often sent back to Germany by Swiss authorities.

As Keller forged his way more deeply into the early ecumenical movement, he exhibited the conviction that the mission of ecumenism must be holistic. He placed great emphasis on ecumenical and theological formation and education. He knew intuitively that *Faith and Order* and *Life and Work* were intricately connected, that Lausanne in 1927 and Stockholm in 1925 were inseparable parts of the vision he served. While he did not reflect extensively on the subject theologically, he saw that an understanding of what it means to be church in his time was critical.

The visionary components of Keller's contributions translated into structural models. A read of his organizational involvements and offices held is a dizzying one indeed. In part one could say that this was a time, post WWI, when responding to the chaos left in the wake of warfare called for a rigidity of order. The ecumenical organizations in which Keller played a part were contemporary with numerous other specialized and international institutions responding to the atrocities of the time. But the influence of the flourishing Federal Council of the Churches of Christ in the USA further placed a stamp on Keller's convictions about organization securing longevity and efficacy of ecumenical endeavours. Structures for the time were certainly hierarchical and aspired to permanency.

3 Ecumenism Today

3.1 The Landscape

To be effective in our ecumenical goals and witness means we need to understand the ecclesial landscape and the broader world in which we live, as I just reflected about Keller. To some extent the ecumenical movement imitates the Church's own process of self-reflection and renewed self-identity in each age and place. You are all very aware of the kinds of challenges and trends that we experience today in the church and in the world. But I think it is helpful to quickly review some of these now.

There are different approaches towards the goal of visible unity of the church. In many places there has been a loss of motivation to pursue the agenda of visible unity because some churches see no real progress in dialogue, but rather new difficulties arising.[2]

New divisions are surfacing between churches and within churches about ethical choices and moral values or what some might understand as justice issues. This directly impacts conciliar fellowship in many cases, and complicates a church's ecumenical commitment and identity in untold ways. The ecumenical movement has not had the same experience with healing divisions in these ways as it has for many decades with doctrinal questions.[3]

Relationships between churches from the ancient tradition of the early church with newly emerging communities of Christians remain fragile. Building dialogue based on mutual trust takes time as we see with the development of the Global Christian Forum.

We have yet to arrive at a shared theological basis for interreligious dialogue and cooperation, despite this being an urgent issue. In different parts of the ecumenical movement interreligious realities are experienced in vastly different ways.

Migration is an issue that is affecting every part of the globe. The social, economic and political reasons that motivate or force some to leave their homeland naturally affect the churches in that place. In places experiencing much immigration, ecumenical life is both enriched and challenged by the presence of migrant churches.[4]

---

2 For a comprehensive discussion on ecclesiological questions concerning the unity of the church see The Church: Towards a Common Vision, Faith and Order Paper 214, Geneva 2013.

3 See Moral Discernment in the Churches. A Study Document, Faith and Order Paper 215, Geneva 2013.

4 A helpful theological resource related to migration is 4th International Consultation Declaration: Churches Witnessing with Migrants. The Intersections of Migration, Human Rights and Development Justice, 2 October 2013, New York 2013.

The financial strength of the churches and church related organisations, particularly in some parts of the world, has declined significantly. This impacts the capacity of churches themselves and affects also their ability to support conciliar ecumenical instruments.

In the global north we see increasing secularism and in some places hostility to the voice of the churches. The relationship between the church and the society in which it exists is changing, and this places both pressure and challenge on ecumenical life.

We see major geo-political shifts through globalization and with the rise of new powers. We see more violence and war within nations than between them. The financial crisis of several years ago still bears a mark on financial markets. Climate change is a new and threatening reality. Socio-economic disparity grows even more stark.

In short, it is a new time with a new set of trends and challenges to which we must adapt.

3.2 Conciliar Ecumenism

I began by speaking about the importance of reading the signs of the time. It is no secret that many if not most ecumenical organizations – councils, churches together, federations – find themselves in places of reconsidering structures and vision as awareness of new landscapes for the world and the churches comes to the fore. We at the World Council of Churches are most certainly not immune from the exercise of reassessing structure and focus. Keller, as something of an ecumenical architect, himself well knew the challenges of growth and activity within an institutional structure, even in the early years. It is interesting, then, to look at the contemporary discourse about the fellowships of churches to seek where it is possible to see strains of those early years in the exercise of combining vision with organizational life.

It is important for us now in thinking about ecumenical organizational structures to begin by being clear about what they have given the churches. The kinds of structures we have in place, and to which we owe a debt to ecumenical pioneers, whether councils or churches together or federations, have offered a convening role, space for the kind of community that Keller envisioned. Organizational structures have created focal points in the ecumenical movement, places of action, reaction and interaction. Structural ecumenism, even as it shows its weaknesses and limitations in light of a new landscape and set of realities, does also show us the possibility of endurance of ideas and values and vision beyond a particular person or church leader. Councils or churches together models have given us possibilities to connect different parts of the ecumenical movement, around the world or between different ecumenical themes or interests or activities. Organizational structures have offered opportunity for proactive public engagement with governments and sympathetic organizations engaged in complementary work. We have learned in our experiences with those of other faiths that often it is our ecumenical structures that make a good and visible starting point for interfaith relations. Further, it has been through structured conversation that our common understanding of power and privilege, of the importance and value of diversity of voice, of attention to the presence of women and youth and those too often on the margins of society and the church, of justice issues in a tangible way in our midst have been recognized and worked upon.

However we experience today what some call an ecumenical crisis, but which is better described as a gap between the ecumenical calling and the challenges of new realities around us, a gap which our institutional structures do not fully address. Most of us can see to some extent that the structures that have carried us so far in the ecumenical journey were created in a different time for a different set of circumstances. We can easily contrast post WWI North American and European church relations and efforts for relief and development with a highly globalized world today in which church growth is exponential in the global south and where migration and interreligious relations more clearly define the landscape.

Truthfully, there has been no time where ecumenical structures have been without vulnerability. Keller experienced this through the frequent reorganizations of *Life and Work*. It could be argued, however, that there is greater risk of defeatism today in part because of the faith that grew in the instruments of the ecumenical movement to carry the motivations and vision forward indefinitely. This is true for other multilateral international institutions as well.

From the standpoint of the WCC, we see that the heavily institutionalized structures inherited need to be adjusted and reconstructed for contemporary need. We experience new global contextualities that demand far more intentionality around methodology than was needed in the early years. We see that transparency in structure is imperative, and that the future of ecumenical organizations cannot depend as much on personalities, but rather on carefully developed process. We see, too, that we need to see ourselves not in the centre of the ecumenical movement, but placed so as to mobilize a wide network of ecumenical actors. Obviously, the size and scope of the institutional structure must reflect current capacity.

A WCC report on conciliar ecumenical life that was released last year says the following:

> The Ecumenical Movement as our way towards unity in Christ belongs to all His disciples. It cannot be owned or monopolized by the ecumenical institutions. If our councils become self-perpetuating structures and if their membership is purposefully limited to their historical founders, they hinder rather than advance their ecumenical purpose.[5]

That is a rather serious reminder of the capacity for structural or institutional life to not only obscure our ecumenical purpose, but derail it.

We move forward now with caution. Naturally we absolutely need instruments to give shape to our common life in ecumenical witness, but we risk deceiving ourselves if we think that new frameworks and governance or even new programmatic focus *alone* will solve our ecumenical questions. We also risk setting ourselves up for possibly fatal discouragement if we perceive that our present questions and challenges exist because of a failure to make an existing model continue to work or find the precise new formulation and configuration of governance and programme and finance. The essence of ecumenical life is not technical, but relational; not law, but gospel.

Perhaps ironically for someone who invested so much energy in creating appropriate structures for the ecumenical tasks of his day, Keller knew this. From the beginning of his ecumenical endeavours, he recognized that the essence of the work for justice and unity was relationships built on trust. In the conversations we are having today at the WCC and elsewhere in councils and federations and churches together models around the world, we are recognizing that the key to conciliar life is not found in a structural formula, but in a reexamination of the qualities of the common life, the fellowship we hope to share. A return to theological presuppositions, an acute awareness of the ecclesiological identities of constituent member churches, a recognition and value of the gifts each church gives and receives, and a clear articulation of what precisely it is that the fellowship needs to be and do in the world as it is today are all required for the future of ecumenical instruments.

3.3 Unity

Speaking of the qualities of fellowship makes an appropriate segue into the WCC's experience and articulation of unity as gift and calling, something about which the General Secretary was particularly keen that I discuss with you today. Unity has always been at the heart of the identity of the World Council of Churches. The founding constitution expresses it this way:

5 Report on the Consultation on Conciliar Ecumenism, Saydat El Jabal, Lebanon, 5–11 February 2012, 4.

> [T]he primary purpose of the fellowship of churches [...] is to call one another to visible unity in one faith and in one Eucharistic fellowship, expressed in worship and common life in Christ, through witness and service to the world and to advance towards that unity in order that the world may believe.[6]

Many of you will be aware that statements or texts on unity have become a common feature for WCC assemblies over the years. Most notable, of course, are the statements of New Delhi in 1961 and Canberra in 1991. Both of these statements demonstrate the evolution of the council's understanding of unity; and both in different ways try to articulate that church unity must be understood in the context of the unity of creation. Canberra pays special attention to the qualities of fellowship or *koinonia*, embracing diversity while also making clear that there are limits to diversity within the fellowship of churches. The last assembly in Porto Alegre similarly issued a statement on unity, «Called to be the One Church», which emphasized mutual accountability and responsibility and included questions for the churches and to be asked between the churches.

The assembly in Busan, Republic of Korea will also feature a unity statement. Because the statement captures so much of the WCC's understanding of the present moment in the ecumenical journey it is a pertinent document to share with you today as we reflect on where ecumenism has moved from Keller's day. It is not a widely dispersed text as yet, since the assembly will be asked to adopt it in Busan, so what I offer you is a preview of what we hope might become something of a vision statement for the council post-Busan.[7]

The theme for the Busan Assembly is *God of Life: lead us to justice and peace*. Building on the idea of the God of *Life,* the drafters realised that the statement could not only refer just to ecclesiological unity, but to a broader unity that encompasses the churches, humanity and the whole of Creation.

The statement begins with a section on experience, drawing upon a contextual theological methodology. This is a poignant and stark articulation of the dichotomy of hope and despair in which human beings find them-

---

6 The Constitution and Rules of the World Council of Churches, as amended by the 9th Assembly, Porto Alegre, Brazil, 2006; III: Purposes and Functions.

7 At the time of writing, the Unity Statement was still in draft form pending adoption at the Busan Assembly in October/November 2013. For the adopted text please see: http://www.oikoumene.org/en/resources/documents/assembly/2013-busan/adopted-documents-statements/unity-statement (August 2016). All references in this document are to the draft statement, though paragraph numbers remain consistent with the adopted text.

selves. It is also a very strong statement about the kinds of issues that we now face in our time, important foundation for the whole statement.

> We give thanks for the diversity of human cultures, for the wonder of knowledge and discovery, for communities being rebuilt and enemies reconciled, for people being healed and populations fed. We rejoice when people of different faiths work together for justice and peace. These are signs of hope and new beginnings. But we grieve that there are also places where God's children cry out. Social and economic injustice, poverty and famine, greed and war ravage our world. There is violence and terrorism and the threat of war, particularly nuclear war. Many suffer from HIV and AIDS and other epidemics; peoples are displaced and their lands dispossessed. Many women are victims of violence, inequality and trafficking. Some men also suffer abuse. There are those who are marginalized and excluded. We are all in danger of being alienated from our cultures and disconnected from earth. Creation has been misused and we face threats to the balance of life, a growing ecological crisis and the effects of climate change. These are signs of our disordered relations with God, with one another and with creation, and they dishonour God's gift of life.[8]

Similarly, in this first section the statement draws together the dynamic of hope and despair in the life of the Church, lamenting on one hand the divisions that keep us apart, the places where division leads to or is reflected in injustice and the lack of full Eucharistic fellowship. It speaks of the kinds of divisions that occur within churches, not only between churches. On the other hand, the text acknowledges the richness of diversity and creativity in the Church, unprecedented growth of the faith in some places, and instances where Christian solidarity serves as a witness of justice and unity. This tension in both the world and the Church tries to capture the complexity of contemporary context, within which each church, each reader should be able to locate him or herself.

This feature of being able to see oneself in the text is extremely important for this unity statement. The language is intentional: «we» inspires ownership and investment from the beginning; it places all of us within the struggle as well as the hope. The text ought to be interactive; and as the reader engages with the words, it is intended that he or she should be challenged and reflective, repentant of complicity with failings in the unity of the body of Christ and eager to commit to the calling that «all may be one».

Moving from context, the next section of the statement draws upon the common scriptural vision we share as Christians. In reading scripture to-

8 God's Gift and Call to Unity – and our Commitment, World Council of Churches, 1:2.

gether, the text reads, «our eyes are opened to the place of the community of God's people, the Church, within creation.» Through particular attention to the Gospel narrative the statement reaches the conclusion that:

> The Church, as the Body of Christ, embodies Jesus' uniting, reconciling and self-sacrificial love to the world on the cross. At the heart of God's own life of communion is forever a cross and forever resurrection – a reality which is revealed to us and through us. We pray and wait with eager longing for God to renew the whole creation (Rom. 8:19–21). God is always there ahead of us, always surprising us, forgiving our failures and offering us the gift of new life.[9]

Scripture is the basis by which we understand the holistic vision of unity, the lens through which we can recognize our calling. In particular, the goodness of creation and the recovery of its integrity is an overarching theme. The biblical vision of unity in creation demands that we seek unity among humans, but also in all of the created order.

Our common reading of scripture teaches us that justice and peace are constitutive elements of the unity for which we long. Jesus' ministry for those on the margins of society exemplifies this lesson. The reconciling and unifying act of Jesus' life and death serves to heal the brokenness of the relationship between God and humanity and the whole of creation.

The statement moves then into what is really a section about what we have learned through the many decades of the ecumenical movement framed in an understanding of God's call to unity today. «The vocation of the Church is to be», it reads, «foretaste of new creation; prophetic sign to the whole world of the life God intends for all; and servant spreading the good news of God's Kingdom of justice, peace and love.»[10] This is, in other words, a statement about what it means to be the church today.

The church must be responsive to the conditions of the world, of humanity, of creation. It must be a place where faith is nurtured, where baptism, Eucharist and apostolic ministry are truly expressions of our communion with God and with one another. The church is called to be a prophetic voice, always working to remove the barriers between churches over doctrinal issues and between all people on the basis of discrimination and injustice. The church, more than ever, must serve as a witness to the fragility of creation, always advocating for its protection. Christians must seek the values of justice and peace as part of the prophetic sign of the God of

9 God's Gift and Call to Unity (see n. 8), 2:8.

10 God's Gift and Call to Unity (see n. 8), 3:9.

life. Participation in God's mission means offering to the world signs of God's life-giving grace and love.

And finally, the statement draws the reader into commitment to work arduously for these values. As part of the fellowship that is the World Council of Churches, there is a promise to uphold the foundational calling to make unity visible. The commitment includes continued theological discussion, openness to receive the gifts of other traditions, unceasing work for justice, peace and the integrity of creation, seeking to build just communities for all, and working with those of other faith traditions. It concludes,

> Above all, we will pray without ceasing for the unity for which Christ prayed (John 17): a unity of faith, love and compassion that Jesus Christ brought through his ministry; a unity like the unity Jesus shared with the Father; a unity enfolded in the communion of the life and love of the Triune God. Here we receive the mandate for the Church's vocation for unity in mission and service.[11]

In ending with prayer, the statement recognizes that it is through our common prayer that we can best remain together in our calling for unity, justice and peace.

This has been something of a lengthy overview of the statement. But I included much detail precisely because these words and this methodology help to understand where the ecumenical movement is today, from the new landscape to the vibrant expression of what the church is and can be in the world, to the renewed commitment to work together for something beautiful, something profound.

I see much of what Keller aspired to echoing through these words. He, too, had a very holistic understanding of the ecumenical movement, believing that justice and peace could not be separated from the call to unity. He had an intuitive understanding of the value of human relationships and the need for just communities as fundamental for the ecumenical task. He knew from his own European post war context the kind of damage division between peoples and churches could cause, the very pain of disunity. Keller's comprehension of *diakonia* based on solidarity between peoples and churches, of privileging the values of peace and reconciliation is very much present in today's understanding of unity, in fact this is perhaps the strongest expression of those impulses. A desire for a prophetic voice for the church, and the churches together, emerges here in a way that I think would sit well with Keller.

---

11 God's Gift and Call to Unity (see n. 8), 4:15.

Of course in his time and with his focus, the present emphasis on creation is something new. Moreover the kind of complexities present in today's landscape – of new ecclesial divisions, of greater disparity on socio-economic grounds, the challenge of multicultural and multireligious societies – were not realities that Keller had to contend with much in his time or place. While Keller understood that ecclesiology was important to the ecumenical agenda, he did not place significant emphasis in this area.

Nevertheless, the echoes of his voice, and the voices of other ecumenical pioneers, come through clearly in the contemporary setting. The real difference today may be the intentionality with which it is important to clearly articulate these ideas and make them newly relevant for a more complex audience.

4 Conclusion

This week the World Council of Churches convened a high level consultation of church leaders from Syria, Russia, the United States, and numerous European nations with Kofi Annan, former United Nations general secretary, and Lakhdar Brahimi, UN-Arab League joint representtative for Syria. The consultation emerged with a powerful statement about the need for a political solution for peace in Syria. The statement in part read, «Churches must continue to raise their voice in their congregations, in their societies and with their governments. We must strengthen the public outcry so that those in power will protect the common interest of humanity.»[12]

The legacy of Keller is alive and well. There can be no silence, no inaction where peace and justice and dignity of life are concerned. The question all of us must answer is whether we are ready to carry forth this legacy into a new age in the ecumenical movement.

12 See Communiqué from WCC Consultation on the Crisis in Syria: http://www.oikoumene.org/en/resources/documents/wcc-programmes/public-witness-addressing-power-affirming-peace/middle-east-peace/communique-from-the-wcc-consultation-on-the-crisis-in-syria (August 2016).

Autorinnen und Autoren

Emidio Campi, Prof. em. Dr. Dr. h.c. theol., ehemaliger Leiter des Instituts für Schweizerische Reformationsgeschichte der Universität Zürich.

Stefan Grotefeld, PD Dr. theol., Privatdozent für Systematische Theologie (Ethik), Institut für Sozialethik der Universität Zürich; Beauftragter für Ethik, Wirtschaftsfragen und Sport, Fachstelle Gesellschaft & Ethik der Reformierten Kirche Zürich.

Dagmar Heller, Dr. theol., Dozentin für ökumenische Theologie, Ökumenisches Institut Bossey; Referentin für Glauben und Kirchenverfassung beim Ökumenischen Rat der Kirchen (ÖRK).

Martin Ernst Hirzel, Pfr. Dr. theol., Beauftragter für Ökumene und Religionsgemeinschaften beim Schweizerischen Evangelischen Kirchenbund (SEK).

Marianne Jehle-Wildberger, lic. phil. I; ehemalige Professorin für Geschichte und Deutsch an der Kantonsschule, am Lehrerseminar und an der Interstaatlichen Maturitätschule für Erwachsene, Sargans.

Natasha Klukach, Programmreferentin für kirchliche und ökumenische Beziehungen beim Ökumenischen Rat der Kirchen (ÖRK).

Harald Matern, Dr. theol., Forschungsassistent für Systematische Theologie (Ethik), Theologische Fakultät der Universität Basel.

Martin Wallraff, Prof. Dr. theol., Ordinarius für Kirchen- und Theologiegeschichte, Theologische Fakultät der Universität Basel.

Basler und Berner Studien zur historischen Theologie
Übersicht über die bisher erschienenen Bände (1963–2016)

Band 1 Geiger, Max: Aufklärung und Erweckung. Beiträge zur Erforschung Johann Heinrich Jung Stillings und der Erweckungstheologie, 1963. 620 S.

Band 2 Braun, Dietrich: Der sterbliche Gott oder Leviathan gegen Behemoth. Teil 1: Erwägung zu Ort, Bedeutung und Funktion der Lehre von der Königsherrschaft Christi in Thomas Hobbes' «Leviathan», 1963. 262 S.

Band 3 Hammer, Karl: W. A. Mozart – eine theologische Deutung. Ein Beitrag zur theologischen Anthropologie, 1964. 444 S.

Band 4 Werthemann, Helene: Studien zu den Adventsliedern des 16. und 17. Jahrhunderts, 1963. 190 S.

Band 5 Fangmeier, Jürgen: Erziehung in Zeugenschaft – Karl Barth und die Pädagogik, 1964. 716 S.

Band 6 Bühler, Andreas: Kirche und Staat bei Rudolph Sohm, 1965. 360 S.

Band 7 Ruh, Hans: Die christologische Begründung des ersten Artikels bei Zinzendorf, 1967. 292 S.

Band 8 Stoevesandt, Hinrich: Die letzten Dinge in der Theologie Bonaventuras, 1968. 400 S.

Band 9 Faulenbach, Heiner: Die Struktur der Theologie des Amandus Polanus von Polansdorf, 1968. 384 S.

Band 10 Müller, Gotthold: Identität und Immanenz. Zur Genese der Theologie von D.F. Strauß, 1968. 400 S.

Band 11 Hedinger, Ulrich: Hoffnung zwischen Kreuz und Reich. Studien und Meditationen über die christliche Hoffnung, 1968. 376 S.

Band 12 Winkler, Jochen: Der Kirchenhistoriker Jean Henri Merle d'Aubigné. Eine Studie zum Genfer Réveil, 1968. 166 S.

Band 13 Yoder, John H.: Täufertum und Reformation im Gespräch. Dogmengeschichtliche Untersuchung der frühen Gespräche zwischen schweizerischen Täufern und Reformatoren, 1968. 220 S.

Band 14 Jäger, Alfred: Reich ohne Gott. Zur Eschatologie Ernst Blochs, 1969. 267 S.

Band 15 Gerber, Uwe: Disputatio als Sprache des Glaubens. Eine Einführung in das theologische Verständnis der Sprache an Hand einer entwicklungsgeschichtlichen Untersuchung der Disputatio und ihres Sprachvollzuges, 1970. 327 S.

Band 16 Epting, Karl Christoph: Ein Gespräch beginnt. Die Anfänge der Bewegung für Glauben und Kirchenverfassung in den Jahren 1910–1920, 1971. 388 S.

Band 17 Kaiser, Marcus: Deutscher Kirchenkampf und Schweizer Öffentlichkeit in den Jahren 1933 und 1934, 1971. 368 S.

Band 18 Schweizer, Paul: Freisinnig – positiv – religiössozial. Ein Beitrag zur Geschichte der Richtungen im schweizerischen Protestantismus, 1972. 295 S.

Band 19 Lange, Peter: Konkrete Theologie? Karl Barth und Friedrich Gogarten «Zwischen den Zeiten» (1922–1933), 1972. 456 S.

Band 20 Hedinger, Ulrich: Wider die Versöhnung Gottes mit dem Elend. Eine Kritik des christlichen Theismus und A-Theismus, 1972. 184 S.

Band 21 Zangger, Christian: Welt und Konversation. Die theologische Begründung der Mission bei Gottfried Wilhelm Leibniz, 1974. 238 S.

Band 22 Plath, Uwe: Calvin und Basel in den Jahren 1552–1556, 1974. 310 S.

Band 23 Dellsperger, Rudolf: Johann Peter Romang, 1802–1875. Philosophische Theologie, christlicher Glaube und politische Verantwortung in revolutionärer Zeit, 1975. 266 S.

Band 24 Gudopp, Wolf-Dieter: Martin Bubers dialogischer Anarchismus, 1975. 134 S.

Band 25 Bielander, Raphael: Martin Bubers Rede von Gott. Versuch einer philosophischen Würdigung des religiösen Denkens, 1975. 302 S.

Band 26 Jansen, Reiner: Studien zu Luthers Trinitätslehre, 1976. 234 S.

Band 27 Lienert, Franz: Theorie und Tradition. Zum Menschenbild im Werke Max Horkheimers, 1977. 142 S.

Band 28 Ritschl, Dietrich: Konzepte. Gesammelte Aufsätze Band 1: Patristische Studien, 1976. 152 S.

Band 29 Alder, Garfield: Die Tauf- und Kirchenfrage in Leben und Lehre des Samuel Heinrich Fröhlich. VDM, von Brugg 1803–1857. Gründer der Gemeinschaft Evangelisch-Taufgesinnter (Neutäufer, Fröhlichianer, Nazarener, Apostolic Christian Church), 1976, 2. Aufl. 1980. 246 S.

Band 30 Wilson, John Elbert: Gott, Mensch und Welt bei Franz Overbeck, 1977. 162 S.

Band 31 Otte, Klaus: Lernen als reflexiv vollzogene Existenz. Die Analyse eines Lernprozesses in der Theologie, 1977. 166 S.

Band 32 Raaflaub, Beat: Der Schweizerische Evangelische Pressedienst 1928–1955, 1977. 268 S.

Band 33 Stauffer, Richard: Dieu, la création et la Providence dans la prédication de Calvin, 1977. 396 S.

Band 34 Schär, Hans Rudolf: Christliche Sokratik. Kierkegaard über den Gebrauch der Reflexion in der Christenheit, 1977. 220 S.

Band 35 Baier, Klaus Alois: Unitas ex auditu. Die Einheit der Kirche im Rahmen der Theologie Karl Barths, 1978. 338 S.

Band 36 Funda, Otakar: Thomas Garrigue Masaryk. Sein philosophisches, religiöses und politisches Denken, 1977. 370 S.

Band 37 Fähler, Jochen: Der Ausbruch des Ersten Weltkrieges in Karl Barths Predigten 1913–1915, 1979. 108 S.

Band 38 Stickelberger, Hans: Ipsa assumptione creatur. Karl Barths Rückgriff auf die klassische Christologie und die Frage nach der Selbständigkeit des Menschen, 1979. 246 S.

Band 39 Domanyi, Thomas: Der Römerbriefkommentar des Thomas von Aquin. Ein Beitrag zur Untersuchung seiner Auslegungsmethoden, 1979. 268 S.

Band 40 Meier, Klaus-Jürgen: Christoph Blumhardt. Christ – Sozialist –Theologe, 1979. 178 S.

Band 41 Castanye, Josep: Die politische Theologie Alfred de Quervains, 1981. 356 S.

Band 42 Güdel, Alfred: Fritz Berger und der Evangelische Brüderverein, 1980. 229 S.

Band 43 Thiel, John E.: God and World in Schleiermachers Dialektik und Glaubenslehre. Criticism and the Methodology of Dogmatics, 1981. 253 S.

Band 44 Nöthiger-Strahm, Christine: Der deutschschweizerische Protestantismus und der Landesstreik von 1918. Die Auseinandersetzung der Kirche mit der sozialen Frage zu Beginn des 20. Jahrhunderts, 1981. 362 S.

Band 45 Crimmann, Ralph P.: Karl Barths frühe Publikationen und ihre Rezeption. Mit einem pädagogisch--theologischen Anhang, 1981. 256 S.

Band 46 Marti, Andreas: «... die Lehre des Lebens zu hören». Eine Analyse der drei Kantaten zum 17. Sonntag nach Trinitatis von Johann Sebastian Bach unter musikalisch-rhetorischen und theologischen Gesichtspunkten, 1981. 188 S.

Band 47 Lacoste, Auguste: Henri Arnaud und die Waldenser. Der Kampf um die Rückkehr in die heimatlichen Täler, 1982. 214 S.

Band 48 Lipps, Michael A.: Dogmengeschichte als Dogmenkritik. Die Anfänger der Dogmengeschichtsschreibung in der Zeit der Spätaufklärung, 1982. 260 S.

Band 49 Hasler, Ueli: Beherrschte Natur. Die Anpassung der Theologie an die bürgerliche Naturauffassung im 19. Jahrhundert (Schleiermacher, Ritschl, Herrmann), 1982. 367 S.

Band 50 Külling, Heinz: Wahrheit als Richtigkeit. Eine Untersuchung zur Schrift «De veritate» von Anselm von Canterbury, 1984. 284 S.

Band 51 Streiff, Patrick P.: Jean Guillaume de la Fléchère/John William Fletcher (1729–1785). Ein Beitrag zur Geschichte des Methodismus, 1984. 540 S.

Band 52 Homrichhausen, R. Christian: Evangelische Christen in der Paulskirche 1848/49. Vorgeschichte und Geschichte der Beziehung zwischen Theologie und politisch-parlamentarischer Aktivität, 1985. 626 S.

Band 53 Wilson, John Elbert: Heinrich W. J. Thiersch und sein Lehrer Schelling. Mit Thierschs unveröffentlichter Einleitung zur Dogmatik-Vorlesung des Jahres 1846 als Anhang, 1985. 338 S.

Band 54 Fink, Barbara E.: Der Weg zur Bewegung für Praktisches Christentum («Life and Work»). Der Hintergrund der deutschen Beteiligung von der «Freundschaft» bis zur Konferenz in Stockholm 1925, 1985. 229 S

Band 55 Germann-Gehret, Rolf: Alois Emanuel Biedermann (1819–1885). Eine Theodicee des gottseligen Optimismus, 1986. 284 S.

Band 56 Blackwell, Daniel F.: Non-Ontological Constructs. The Effects of Abaelard's Logical and Ethical Theories on His Theology, 1988. 336 S.

Band 57 Blaser, Klauspeter: Karl Barth 1886–1986. Combats – Idées – Reprises, 1987. 248 S.

Band 58 Strehle, Stephen: Calvinism. Federalism, and Scholasticism. A Study of the Reformed Doctrine of Covenant, 1988. 414 S.

Band 59 Birrer, Jakob: Der Mensch als Medium und Adressat der Schöpfungsoffenbarung. Eine dogmengeschichtliche Untersuchung zur Frage der Gotteserkenntnis bei Irenäus von Lyon, 1989. 268 S.

Band 60 Farajajé-Jones, Elias: In Search of Zion. The Spiritual Significance of Africa in Black Religious Movements, 1990. 213 S.

Band 61 Overbeck, Winfried: Menschwerdung. Eine Untersuchung zur literarischen und theologischen Einheit des fünften Buches ‹Adversus Haereses› des Irenäus von Lyon, 1995. 634 S.

Band 62 Chung, Sueng Hoon: Karl Barth und die Hegelsche Linke. Die Revolution Gottes bei Karl Barth in Auseinandersetzung mit der polit-ökonomischen Anthropologie bei Karl Marx, 1994. 254 S.

Band 63 Ackva, Friedhelm: Johann Jakob Heß (1741–1828) und seine Biblische Geschichte. Leben, Werk und Wirkung des Zürcher Antistes, 1992. 345 S.

Band 64 Liu, Xiaofeng: Personwerdung. Eine theologische Untersuchung zu Max Schelers Phänomenologie der «Person-Gefühle» mit besonderer Berücksichtigung seiner Kritik an der Moderne, 1996. 247 S.

Band 65 Becker, Stefan Peter: Erkenntnis und Gebet. Die pneumatologische Grundstruktur von Karl Barths dogmatischer Arbeit, 1995. 291 S.

Band 66 Suter, Christoph: Das religiöse Kinderlied des 19. Jahrhunderts – ein Ausdruck seiner Zeit. Beobachtungen am Liedgut im deutschsprachigen reformierten Raum der Schweiz, 1995. 275 S.

Band 67 Lim, Hee-Kuk: «Jesus ist Sieger!» bei Christoph Friedrich Blumhardt. Keim einer kosmischen Christologie, 1996. 204 S.

Band 68 Kuhr, Olaf: «Die Macht des Bannes und der Buße». Kirchenzucht und Erneuerung der Kirche bei Johannes Oekolampad, 1998. 316 S.

Band 69 Stuber, Christine: «Eine fröhliche Zeit der Erweckung für viele». Quellenstudien zur Erweckungsbewegung in Bern 1818–1831, 2000, 2. korrig. Aufl. 2002. 391 S.

Band 70 Ramstein, Christoph: Die Evangelische Predigerschule in Basel. Die treibenden Kräfte und die Entwicklung der Schule, 2001. 253 S.

Band 71 Dellsperger, Rudolf: Kirchengemeinschaft und Gewissensfreiheit. Studien zur Kirchen- und Theologiegeschichte der reformierten Schweiz: Ereignisse, Gestalten, Wirkungen, 2001. 337 S.

Band 72 Fluck, Marlon Ronald: Basler Missionare in Brasilien. Auswanderung, Erweckung und Kirchenwerdung im 19. Jahrhundert, 2004. 420 S.

Band 73 Gäbler, Ulrich/Martin Sallmann/Hans Schneider (Hgg.): Schweizer Kirchengeschichte – neu reflektiert. Festschrift für Rudolf Dellsperger zum 65. Geburtstag, 2011. 426 S.

Band 74 Köppli, Marcel: Protestantische Unternehmer in der Schweiz des 19. Jahrhunderts. Christlicher Patriarchalismus im Zeitalter der Industrialisierung, 2012. 246 S.

Band 75 Sallmann, Martin/Karlfried Froehlich (Hgg.): Zehn Jahre nach Oscar Cullmanns Tod: Rückblick und Ausblick, 2012. 214 S.

Band 76 Mack, Julia Ulrike: Menschenbilder. Anthropologische Konzepte und stereotype Vorstellungen vom Menschen in der Publizistik der Basler Mission 1816–1914, 2013. 259 S.

Band 77 Dellsperger, Rudolf: Zwischen Offenbarung und Erfahrung. Gesammelte Aufsätze zur historischen Theologie, 2015. 307 S.

Band 78 Hirzel, Martin Ernst/Martin Wallraff (Hgg.): Ökumene in Wahrheit und Liebe. Beiträge zu Werk und Leben des Schweizer Theologen Adolf Keller (1872–1963), 2016. 132 S.

Die Bände 1–22, 74–78 sind im Theologischen Verlag Zürich erschienen.
Die Bände 23–73 sind im Peter Lang Verlag Bern erschienen.